# Frohe Weihnachten

Illustrationen Helga R. Roßmeisel
Texte von Marc Heinrich

Unipart-Verlag • Stuttgart

# Inhalt

# Leise rieselt der Schnee

Ed. Ebel

Lei - se rie - selt der Schnee,

still und starr liegt der See,

weih - nacht - lich glän - zet der Wald,

freu - e dich, s'Christkind kommt bald!

2. s'Kindlein, göttlich und arm,
macht die Herzen so warm,
strahle, du Stern überm Wald,
freue dich, 's Christkind kommt bald!

3. Bald ist heilige Nacht,
Chor der Engel erwacht;
horch nur, wie lieblich es schallt,
freue dich, 's Christkind kommt bald!

# Advent

Dann ist es Sonntag geworden. Von der Zimmerdecke hängt der Kranz aus Tannengrün und verbreitet seinen Duft in der Stube. – Vier Kerzen stecken darauf, und die erste zündet Papa jetzt an.

Stefan hat seine selbstgebastelten Christsterne darangehängt und freut sich, daß die Goldfolie so schön glänzt im Schein des flakkernden Lichts.

Endlich meint er: »Du, Oma – du kannst so schöne Geschichten erzählen. Weißt du nicht eine, die vielleicht zum Advent paßt?«

»Na ja«, wiegt Oma den Kopf hin und her, »ich wüßte schon eine. Aber in dem Land, wo sie sich abgespielt hat, da gibt es selten Schnee.«

»Na und?« hebt Stefan die Arme. »Wir haben heuer ja auch noch keinen, oder?«

»Nun gut«, überlegt Oma. »Also, wie war das denn gleich . . . Ach ja, jetzt erinnere ich mich wieder. Die Geschichte erzählt von einem störrischen Eselchen.« – Sie nippt noch einmal an der Tasse mit dem heißen Tee und schaut gedankenverloren in das Licht der Kerze, dann beginnt sie zu erzählen.

# Advent

Wir waren heut im Wald gewesen,
Tannenzweiglein aufzulesen,
Im Wald, da war es bitterkalt –
denn Advent ist es nun bald.

Das Tannengrün bringen wir an,
daß draus ein Kränzlein werden kann.
und übermorgen, zum Advent,
darauf ein erstes Lichtlein brennt.

So eilen wir jetzt froh nach Haus –
ruhen uns vom Waldgang aus,
und morgen sind wir dann beglückt,
wenn unser Kränzlein wird geschmückt.

Und wenn vier Kerzen sind entzünd't –
dann kommt das liebe Christuskind,
das wir so sehr erwartet haben,
mit reichen Segen, vielen Gaben.

# Der Adventskalender

Ganz weit draußen hinterm Dorf, dort wo schon der Wald beginnt, da steht ein kleines Haus. Und drin wohnen zwei liebe Kinder mit ihren Eltern. – Nein, es sind nicht Hänsel und Gretel, wie ihr vielleicht meint. – Werner heißt der Junge und Margit sein Schwesterchen. Und der Vater ist auch kein armer Holzfäller, sondern der Revierförster.

An diesem Morgen krabbelt Margit besonders leise aus ihrem Bettchen. – Ob es ihr wohl heute gelingen wird, als erste das Fensterchen des Adventskalenders zu öffnen . . .?

»Geschafft!« jubelt sie und steckt schnell das Stückchen Schokolade, das dahinter verborgen war, in den Mund.

Werner reibt sich die Augen und kriecht ebenfalls aus dem Bett. »So ein Pech«, murmelt er verschlafen, »jetzt habe ich mich so auf die Schokolade gefreut.« – »Ah, du hast wieder gespitzt«, empört sich Margit. – »Logisch«, lacht Werner, »ich könnte dir auch sagen, was morgen drin ist, schau!« Aber noch ehe er das nächste Fensterchen des Kalenders öffnen kann, klopft Margit ihm auf die Finger. »Nix da! Heute ist erst der 17. Dezember.«

»Ich weiß etwas, was du nicht weißt«, brummt Werner und wischt die Fensterscheibe klar, »es hat geschneit!«

»Was? Laß sehen!« klatscht Margit in die Hände. Und tatsächlich – es schneit.

Die beiden schauen aus dem Fenster, und Werner überlegt: »Schade um den schönen Schnee. Vielleicht ist er bis Weihnachten wieder geschmolzen . . .«

»Ach, bis Weihnachten ist noch eine Woche«, erwidert Margit. »Denke lieber an die Tiere, die jetzt kein Futter mehr finden!«

»Ich hab's, ich hab's!« springt Werner plötzlich von einem Bein auf das andere. »Wir machen heute Weihnachten für die Tiere! Die kennen ja unseren Kalender nicht, oder?«

Hoch oben im Himmel sitzt der Petrus und hat alle Hände voll zu tun, dem Weihnachtsmann beim Geschenkepacken zu helfen.

Als er eine kleine Pause macht und dabei auf die Erde hinunterschaut, reibt er sich verwundert die Augen: Da haben doch zwei Kinder – der Werner und die Margit sind es – am Waldrand eine Kerze angezündet und füttern die Tiere mit allerlei Leckerbissen.

»Na, so was«, schüttelt er den Kopf, »Weihnachten ist doch noch gar nicht!« – Dann lacht er leise vor sich hin und schickt zwei Engelchen auf die Erde hinunter.

»Hast du gesehen, was ich gerade gesehen habe?« fragt Margit atemlos. »Zwei Engelchen, und eins hatte ein Christbäumchen in der Hand . . .!« Werner nickt mit großen Augen. »Aber wir erzählen es niemandem, weil man uns nicht glauben wird!«

# Räucherweihnachtsmänner

und selbstgemachte Lichter schmücken hier ein Weihnachtsfenster, das von Nina und Miriam dekoriert wurde, damals 5 und 6 Jahre alt.

Die Rauchmänner sind aus rotbraunem Keramiplast angefertigt. Sie sind nicht so schwierig zu modellieren, wie es auf den ersten Blick aussieht. Wichtig ist, daß sie vom Rock bis zum Kopf hohl sind. Denn darunter wird ein Duftkegel angezündet. Der würzige Rauch quillt dann aus dem Mund heraus. Es sieht

ke Platte, schneidet sie etwa halbkreisförmig zurecht und fügt sie zu einem hohlen Kegel zusammen. Gut verschmieren. Eine Kugel für den Kopf formen, aushöhlen, aufsetzen und ein kleines Loch als Mundöffnung ausschneiden. Alles übrige, wie Mütze, Arme, Bart etc., wie üblich ansetzen. Miriams Weihnachtsmann hat sogar eine Pfeife bekommen. Wenn Ihr noch einen Drahthaken in die Hände einsteckt, könnt Ihr Tannenzweige oder eine Rute daran befestigen. Die Männchen

aus, als rauche der Weihnachtsmann wirklich. Die Kegel mit den verschiedenen Gerüchen – z. B. nach Wald, Weihrauch, Holz u. ä.) kann man in der Drogerie kaufen.

Und so werden sie gemacht: Ihr formt zunächst eine etwa 1 cm starke Platte, schneidet sie etwa halb-

werden lose auf eine Grundplatte gestellt. Nach dem Trocknen kann man sie anmalen oder, wie hier, farblos lackieren.

Die kleinen Lichter sind ebenfalls ganz einfach zu formen. Die Kinder benutzten Ton, den sie mit einem

Kunstharzbinder vermischten, so daß er ohne Brennen ziemlich hart wird. Sie formten Kugeln und höhlten sie mit einer Drahtschlinge aus. Mit Daumen und Zeigefinger zu einem hübschen Gefäß formen. Nach dem Trocknen bemalen und lackieren. Dann Wachs schmelzen und einfüllen. (Das solltet Ihr unter Auf-

# Mini-Krippe

So eine Mini-Krippen-Szene ist ein wunderschönes Adventsgeschenk. Ihr könnt sie aus Ton oder selbsthärtender Masse machen. Die »Felsenhöhle« wird aus zwei Platten geformt. Die Figuren setzt man lose

sicht Eurer Eltern machen!) Ein Loch mit einer dicken Nadel einstechen und ein Stück Kerzendocht einstecken (von einer einfachen Kerze oder aus dem Bastelladen). Fertig ist Euer weihnachtliches Windlicht.

hinein. Um das Ganze etwas zu beleuchten, formt man für eine Kerze einen Halter dazu. Wenn Ihr Lust habt, bemalt Ihr die Figuren, aber, wie Ihr seht, sehen sie auch unbemalt schön aus.

# Nikolaus

Worte und Weise: Wilhelm Bender

Hört doch in den Stu – ben, die Mäd – chen und die

Bu – ben.   Nik – laus, Nik – laus,   komm in un – ser Haus.

2. Tu uns nicht erschrecken,
ach, laß die Rute stecken.
Niklaus, Niklaus,
komm in unser Haus.

3. Bring für uns ein Püppchen,
wir essen auch das Süppchen.
Niklaus, Niklaus,
komm in unser Haus.

4. Schütt uns auf die Erde
Reiter hoch zu Pferde.
Niklaus, Niklaus,
komm in unser Haus.

5. Laß die Nüsse springen,
wir danken dir mit Singen.
Niklaus, Niklaus,
komm in unser Haus.

16

# Es kam ein Engel hell und klar

Text: Martin Luther, 1535      1. Strophe nach Valentin Triller 1555      Melodie: Leipzig 1539

1. Es kam ein En – gel hell und klar von Gott aufs Feld zur Hir – ten – schar; der war gar sehr von Her – zen froh und sprach zu ih – nen fröh – lich so:

2. „Vom Himmel hoch da komm ich her
ich bring euch gute neue Mär;
der guten Mär bring ich so viel,
davon ich sing'n und sagen will.

3. Euch ist ein Kindlein heut geborn
von einer Jungfrau auserkorn,
ein Kindelein so zart und fein;
das soll eu'r Freud und Wonne sein.

4. Es ist der Herr Christ, unser Gott,
der will euch führ'n aus aller Not;
er will eu'r Heiland selber sein,
von allen Sünden machen rein.

5. Er bringt euch alle Seligkeit,
die Gott der Vater hat bereit',
daß ihr mit uns im Himmelreich
sollt leben nun und ewiglich.

6. So merket nun das Zeichen recht:
die Krippe, Windelein so schlecht;
da findet ihr das Kind gelegt,
das alle Welt erhält und trägt.''

7. Des laßt uns alle fröhlich sein
und mit den Hirten gehn hinein,
zu sehn, was Gott uns hat beschert
mit seinem lieben Sohn verehrt.

# Bastelstunde

»Guten Morgen, Kinder!« grüßt die Lehrerin und setzt sich hinter das Pult. »Heute schreiben wir ein Diktat. Also, nehmt ein Blatt aus euerem Block, und dann fangen wir an.«

»Aber . . . aber ich kann heute nicht schreiben!« klagt Christian und hält zum Beweis seine Finger in die Höhe; sie sind alle mit Heftpflaster einebunden.

»So, so, und wie ist das passiert?« fragt die Lehrerin streng und schaut recht unfreundlich. Und da erzählt Christian seine Geschichte: wie er das Laub aus dem Futterhäuschen räumen wollte und unversehens mitten in die Igelchen gegriffen hat, die dort ihren Winterschlaf halten wollten. Und während er erzählt und erzählt und auch noch berichtet, daß er und Papa ein neues Vogel-Futterhäuschen gebaut haben, um die Tierchen nicht in ihrem Winterschlaf zu stören, klingelt es zur Pause.

Als die Kinder wieder brav in ihren Bänken sitzen, meint die Lehrerin: »Nun ja, das Diktat verschieben wir auf übermorgen, einverstanden?« –

»Ja, ja,« freuen die Kinder sich – »Gut, dann nehmen wir die Bastelstunde vorweg. Wer von euch hat Kastanien gesammelt im Herbst? Alle Hände heben sich, auch die von Christian mit den Heftpflastern.

»Also, dann zeige ich euch, wie man aus einer Kastanie einen Igel basteln kann. Paßt auf!« Damit malt sie an die Tafel eine Kastanie und erklärt, daß man mit ein paar Streichhölzern, die man rundherum einsteckt, die Stacheln der Igel nachahmen kann. Das Näschen aber, das sei ganz einfach ein Hemdknopf. Tags darauf stellen die Kinder ihre Kastanien-Igelchen aufs Lehrerpult.

Abenteuerliche Gebilde sind darunter, solche, die nie und nimmer diesem Stacheltier ähneln. Nur – der Christian hat es sich einfach gemacht: »Stacheln sind Stacheln«, dachte er und verwendete die Schalen der Kastanien, die er im Laubhaufen unter dem Baum ausgebuddelt hat.

Daß er dabei ganz vorsichtig zu Werke ging, um die Igelfamilie nicht aus ihrem Winterschlaf zu wecken, das ist selbstverständlich. –

# Die Postkutsche

Wenn die Tage kürzer werden, die Nächte aber immer länger und gar noch Schnee fällt, dann weiß es ein jeder – Weihnachten ist nicht mehr weit.

Es ist die Zeit, in der die Kinder sich anstrengen, ganz besonders brav zu sein. – Wollen sie doch das Christkind versöhnlich stimmen, damit es verzeiht, was sie das Jahr über so angestellt haben. Und da kommt bei dem einen und anderen schon so manches zusammen: So hat der Steffen zum Beispiel dem Herrn Lehrer zweimal die Luft aus den Reifen des Fahrrades gelassen, der Christian die Schleuse am Mühlbach geschlossen, so daß der Müller kein Mehl mehr mahlen konnte. Und gar der Wolfgang, den Zündholz-Wolfi nennt man ihn, der hätte beinahe die Scheune vom Bauern Gerstenkorn in Brand gesteckt; ein Glück, daß die Feuerwehr gleich zur Stelle war!

Aber jetzt sind sie alle ganz brav. Sie putzen sich ordentlich die Zähne, waschen sich die Hände, und dabei achten sie darauf, daß die Eltern es auch bemerken. Ja, so mag es wohl überall sein, so kurz vor dem großen Fest. – Natürlich auch hier in unserem kleinen Dorf. Da fällt der Annemarie plötzlich ein, daß sie eigentlich den Eltern versprochen hatte, das kleine Schwesterchen täglich auszufahren. Also packt sie es warm ein, setzt es in den Schlitten und schiebt es auf dem Dorfanger hin und her. Brüderchen Peter meint, daß das eine gute Idee sei. Und weil ihm nichts anderes einfällt, nimmt er kurzerhand sein Kätzchen. Das wiederum ist damit nicht einverstanden und springt und springt immer wieder davon, zurück ins warme Haus. Erst als er es in ein Kissen packt, bleibt es sitzen und läßt sich, leise schnurrend, durch den Schnee schieben.

Dann treffen sie auf Klaus, der seinen Hund Gassi führt und sein Schwesterchen mitgenommen hat. Gleich dahinter Erika; sie trägt voller Stolz ihre Martinslaterne, mit der sie damals, wie jeder weiß, den 1. Preis gewonnen hat.

Und da ist ja auch wieder der Willi. »Hallo Willi!« lacht Klaus. »Führst du wieder dein Weihnachtsbäumchen Gassi?«

Und es stimmt – seit zwei Tagen läuft Willi jeden Nachmittag durchs Dorf, ein kleines Tannenbäumchen über der Schulter. »Ach, ihr seid albern!« schmollt er. »Ihr habt Geschwister, du hast einen Hund, aber ich – ich hab' nicht einmal eine Katze!« Damit schaut er betrübt zu dem Kätzchen auf Peters Schlitten und nimmt einen anderen Weg.

»Du hast schon recht«, ruft Klaus ihm nach, »so bleibt dein Baum frisch bis Heiligabend.« Und als ihn die anderen Kinder deswegen vorwurfsvoll anschauen, da schämt er sich selber ein bißchen.

Ein Glück, daß in diesem Augen-

blick aus der Gasse herauf das muntere Wiehern zweier Pferde zu hören ist. »Die Postkutsche!« rufen alle durcheinander. »Die Postkutsche kommt!«

Später, als der Kutscher die Pferde ausgespannt und beim Bauern Gerstenkorn für die Nacht unterbringt, da läutet die Kirchturmglocke zu Abend. Das bedeutet für die Kinder, daß es nun höchste Zeit ist, nach Hause zu gehen. Geich gibt es Abendbrot, und außerdem – heute ist der 4. Advent!

Nach dem Essen werden überall die Kerzen am Adventskranz angezündet, und heute – endlich auch die letzte! Weihnachten ist ganz nahe. Darauf werden allenthalben Geschichten erzählt, natürlich solche, die irgendwie mit Weihnachten zu tun haben. – Mama holt aus ihrem geheimen Versteck Proben des Gebäcks, ohne zu wissen, daß die Kinder es längst vorher entdeckt haben. – Das könnte natürlich erklären, warum es täglich weniger geworden ist. –
Ja und dann wird es dunkel im Dörfchen, nur der Mond bringt noch ein bißchen Licht auf die schneebedeckten Dächer. Die Kinder sind zu Bett gegangen, und ihre Gedanken eilen voraus – Weihnachten!
Willi, der mit dem Tannenbäumchen, hat sich ein besonderes Nacht-

gebet ausgedacht, und das geht so:
    ›Liebes Christkind, bevor ich schlaf'
    will ich dir sagen, ich war brav!
    Nur, ich bin halt immer so allein –
    wann bringst du mir ein Brüderlein?‹

Als der Morgen graut, fängt es an zu schneien. Der Kutscher ist als erster auf den Beinen und holt die Rosse aus dem Stall von Bauer Gerstenkorn. Er spannt sie vor den Wagen, und als er endlich am Dorfplatz ankommt, da herrscht dort schon reges Treiben.
Da stehen allenthalben festverschnürte Truhen und die Leute treten sich die Füße warm, warten darauf einsteigen zu dürfen.
Ein junges Mädchen reicht noch schnell einen Brief für den Bruder in den Wagen, und dann ist da natürlich auch wieder der Mann, der in einem Öfchen Kastanien brät.
Susanne hat sich einen dicken Schal ungewickelt und bittet: »Eine ganz große Tüte, bitte!«
»Aber dich kenne ich doch«, überlegt der Mann. – »Freilich«, nickt Susi, »und die Maronen sind wieder für meine Oma, die im anderen Dorf wohnt.« – »Na denn, sag' der Oma einen schönen Gruß und Frohe Weihnachten«, lacht der alte Mann und füllt die Tüte bis obenhin.

# So singen wir den Winter an

Text u. Melodie: Cäsar Bresgen

1. So sin-gen wir den Win-ter an, er kommt ganz leis ge-gan-gen, ein heim-lich Tor ist auf-ge-tan, was woll'n wir nun an-fan-gen? Ei-a, ei-a, ei-a, ei-a, wir woll'n das Tor auf-ma-chen, auf-ma-chen.

2. Die Flocken fallen tief und dicht
auf Weg und Steg und Felder
und fern vom Himmel kommt ein Licht
und geh durch alle Wälder.
|: Eia, eia . . . , das Licht woll'n wir anzünden. :|

3. Das Licht wird hell und geht ins Haus
und scheint in alle Herzen,
wir hol'n den Baum vom Wald heraus
mit seinen tausend Kerzen.
|: Eia, eia . . . , hell soll das Licht uns leuchten. :|

# Martinstag

Tags darauf stürmen die Kinder ins Klassenzimmer und zeigen dem Lehrer ihre Laternen.

»Gut und schön«, sagt der, »aber die meisten von euch haben vergessen, ein Luftloch für die Kerze zu lassen. Eine Kerze, ein Feuer also, kann nur brennen, wenn es Luft bekommt, versteht ihr das, Kinder?«

»So«, meint er schließlich, »jetzt bin ich aber gespannt, wer mir sagen kann, was es mit dem Martinstag auf sich hat. Warum steht er denn eigentlich im Kalender?«

Betretenes Schweigen ringsum: die Kinder wissen es nicht. – »Gut, ich will euch die Geschichte erzählen«, nickt der Lehrer und fängt an.

»Martin, dessen Geburtstag der 11. November ist, lebte im 4. Jahrhundert nach Christi. Er war der Sohn einer römischen Offiziersfamilie und Soldat. Als er eines tages auf einen frierenden Bettler traf, riß er seinen Mantel in zwei Teile und schenkte die eine Hälfte dem armen Mann. Dann legte er seine Waffen ab und gründete ein Kloster. – Später wurde er heiliggesprochen, und man sieht ihn auf Bildern, wie er auf einem weißen Pferd reitet.«

»Können Sie reiten, Herr Lehrer?« will Klaus plötzlich wissen. »Dann könnten Sie nämlich unseren Laternenzug auf einem Pferd anführen, oder . . .«

»Ja schon, Kinder«, druckst der Lehrer, »aber wir haben doch kein weißes Pferd im Dorf, nur die beiden Braunen von der Brauerei . . .«

»Das ist kein Problem!« ruft Fritz, der Sohn vom Malermeister. »Mein Vater malt einen davon weiß an, und hinterher waschen wir ihn dann wieder ab.«

Darauf weiß der Lehrer keine Antwort. Und so kommt es, daß er am nächsten Tag nach Sonnenuntergang unter den aufmerksamen Augen seiner Schüler das weißgetünchte Brauereipferd erklettern muß.

Das Pferd klappert aufgeregt mit den Hufen auf dem Pflaster; es weiß nichts anzufangen mit der Last auf seinem Rücken. Aber dann zieht man los: vorweg der Herr Lehrer auf dem dicken Pferd und dahinter die Kinder mit ihren bunten Laternen, die an kurzen Stöckchen aufgehängt sind.

Ja, und so geht es eine Weile ganz gut. – Bald ist der Marktplatz erreicht, wo der Bürgermeister wartet, um eine Ansprache zu halten.

Nur – auf dem Weg dorthin kommt das Pferd in die Nähe seines Stalles. Es fängt alsbald zu galoppieren an, rennt in den Hof, und der Lehrer verliert den Halt. – Daß er ausgerechnet im Misthaufen landet, ist einerseits ein Glück, andererseits ein Unglück.

Die Kinder sind im Gefolge und ihre Laternen weisen ihm den Weg, damit er da wieder herausfindet. – Als das Pferd gar noch fröhlich wiehert, da fangen alle zu lachen an – bis auf den Herrn Lehrer natürlich.

# Sankt Martin

Worte und Weise: volkstümlich

Mar – tin, Mar – tin, Mar – tin ist ein from – mer Mann,

zün – det vie – le Lich – ter an, daß er o – ben

se – hen kann, was er un – ten hat ge – tan.

# Lebkuchen mit Springerle

Springerle oder Nürnberger Marzipan ist die Bezeichnung für die von Holzformen-Model abgenommenen, weißlichen Backwaren. Sie sind leicht herzustellen und machen viel Freude beim Formen.

**Zutaten:**

**250 g Zucker**
**2 Eier**
**250–300 g Mehl, je nach Größe der Eier**
**1 Päckchen Vanillezucker**
**¼ TL Pottasche in 1 TL Wasser aufgelöst**
**1 MSP Anis**
**Zum Ausrollen und Bemehlen Instantmehl**

Die Zutaten, außer dem Mehl, mit dem elektrischen Rührgerät 15–20 Minuten schaumig rühren. Dann das Mehl darüber sieben und alles gut durchkneten. Zugedeckt und ungefähr eine Stunde in den Kühlschrank stellen.

Der Teig wird nun portionsweise, der Größe des Models entsprechend, auf Instantmehl ca. 5 mm hoch ausgerollt. Die Oberfläche reibt man ebenfalls mit Instantmehl ein. Auch das Model bestäubt man, klopft es aber wieder gut aus, damit die Konturen des Teigs sich scharf abbilden. Das Model wird mit der Bildseite flach und gleichmäßig auf den Teig

gedrückt und vorsichtig wieder abgenommen. Klebt das Ganze etwas, hebt man das Model samt Teig hoch und zieht den Teig von allen Seiten her langsam ab. Überschüssiges Mehl kann mit einem Pinsel entfernt werden.

Der Teigrand wird mit einem Messer oder einem Teigrädchen abgeschnitten. Auch mit großen Förmchen kann ausgestochen werden. Ein dadurch entstehender größerer Rand, der durch Ausstechen mit einer Herzform oder runden Form entsteht, läßt sich durch Abdrücke mit einem Schaschlikstäbchen oder Messerrücken verzieren.

Die Teigformen legt man auf ein mit Backtrennpapier ausgelegtes Blech und läßt sie über Nacht trocknen. Dann bei 160 Grad ca. 18 Minuten backen.

Sind die Springerle gebacken, überlegt man für jedes einzelne den geeigneten »Rahmen«. Die Springerle sind wahrscheinlich beim Backen ungleich hoch geraten. Die höheren legt man zum Einbacken zur Seite, die flacheren werden zum Auflegen auf glasierte Lebkuchen beiseite gelegt. Zuerst die eingebackenen Springerle:

Der auf Instantmehl ausgerollte Nußlebkuchenteig wird nach einer Schablone aus Papier oder Karton mit einem spitzen Messer ausgeschnitten.

# Adventszug als Wandbehang

Die Rasterquadrate auf 1 cm vergrö-
ßern. Das fertige Muster auf Filz
übertragen. Fenster, Türen, Dach
usw. in passender Filzfarbe auf jeden Wagen kleben.
Alle zugeschnittenen Wagenräder
erhalten einen aufgenähten Mes-
singring. Erst dann werden sie mit
UHU an den einzelnen Wagen befestigt.
Zum Durchstecken des Rundstabes,
einen 3 cm breiten Saum umschla-
gen. Danach den Zug auf der
Grundfläche anordnen und aufkleben. Aus weißem Filz verschieden
große Wolken schneiden. Zur Stabi-
lisierung der Wolkentaschen, zuvor
etwas Vlieseline aufbügeln.
19 gefüllt Filzsäckchen (14 cm × 5
cm) zuletzt dranhängen.

**Material:**
**90 cm blauer Filz**
**1 Rundstab, 1 m lang**
**2 Bogen fliederfarbenen Filz**
**1 Bogen weinroten Filz**
**Filzreste für Fenster, Türen und Dach**
**4 Perlen, 19 Messingringe**
**50 cm weißen Filz**
**etwas Vlieseline zum Aufbügeln**
**Goldkordel**
**evtl. kleine Goldsternchen**
**Zahlen 1–24**
**UHU Alleskleber**

# Der Nikolaus kommt

Es gibt einen Mann, der irgendwo zwischen den Wolken und dem Himmel wohnt. Sein Gesicht ist von einem gewaltigen weißen Bart umrahmt, und unter den buschigen Augenbrauen blitzen zwei gütige Augen. – Richtig, es ist unser Nikolaus! Als er an diesem Morgen das Kalenderblatt abreißt und auf dem nächsten in dicken, roten Buchstaben ›Dezember‹ liest, da streicht er besorgt durch den Bart und brummt leise: »Hoppla. Jetzt ist aber allerhöchste Zeit ...!« Dabei war er in den letzten Wochen wirklich fleißig, der gute alte Mann. Hat er doch sackweise Briefe bekommen von den Kindern auf der Erde drunten, und er hat jeden genau gelesen.

Das ist ja auch das Geheimnis, warum die Kleinen immer das geschenkt bekommen, was sie sich so sehnlichst gewünscht haben in den Wochen vor dem Nikolaustag.

Ja, er kann mit Stolz behaupten, daß er seine Aufgaben immer treu erfüllt hat. – Bis auf das eine Mal, wo er vergessen hatte, dem kleinen Willi zu helfen, den verlorengegangenen Schlitten wiederzufinden. Aber das ist schon sehr lange her, und er, der Nikolaus, hatte den Auftrag gleich an das Christkind weitergegeben, worauf der Willi zu Weihnachten einen neuen, viel schöneren bekommen hatte. –

Gleich darauf sieht man ihn, wie er sein Gefährt hervorholt und es bis obenhin vollpackt. Dann pfeift er auf den Fingern eine bestimmte Melodie, und ob man es glauben will oder nicht – da stehen plötzlich zwei stattliche Hirsche vor dem Schlitten und lassen sich anspannen.

Und gerade als er losfahren will, da zupft ihn jemand von hinten am Bart. »Holla, was ist das denn?« wundert er sich und dreht sich um. »Ah, schau an – ein Engelchen!« lacht er. »Was willst du denn?« – »Ich wollte dir nur sagen, lieber Nikolaus, daß wir heute den 1. Dezember haben. Dein Tag ist doch erst am 6. Dezember!«

»Als ob ich das nicht selber wüßte –« lacht der Mann verschmitzt. »Aber heute gehe ich erst mal zu den Tieren des Waldes dort unten, weißt du?« Und weil es so viele sind, wird es wohl einige Tage brauchen, bis ich sie alle erreicht habe. Außerdem haben sie keinen Kalender wie die Menschen, da kommt es auf den Tag nicht an. – Siehst du, das ist der Grund, warum ich es eilig habe.«

Dann nimmt er die Zügel, schnalzt mit den Fingern und ruft: »Auf geht's, ihr beiden, lauft! Hinunter auf die Erde!«

Die erste Station, wo sie haltmachen werden, ist ein Wäldchen unweit eines kleinen Dorfes.

»Oje, da liegt aber viel Schnee –« wundert sich Nikolaus. »Werdet ihr das schaffen?« ruft er nach vorne, und die beiden Hirsche nicken mit dem Kopf. »Also dann – nur zu!

Weit ist es nicht mehr.« Aber als er sieht, daß hinter den Fenstern der Häuser noch die Lichter brennen, macht er einen kleinen Umweg. – Das wäre eine schöne Bescherung, wenn die Kinder ihn schon heute entdeckten, wo doch bis ›Nikolaus‹ noch eine Woche Zeit ist! – Endlich meint er, daß er eine Stelle gefunden hat, wo man ihn nicht sehen wird. – »Brr!« ruft er verhalten, und die Hirsche bleiben stehen.

Nachdem er die beiden ausgespannt hat, krault er sie hinter den Ohren und lobt sie. »Brav. Aber jetzt zieht los und sagt den anderen Tieren, daß ich hier bin.« Darauf zündet er eine Laterne an und hängt sie an einen Baum, gerade unter ein Vogelhäuschen, das auch im Winter noch bewohnt ist.

Und da kommen sie nacheinander an, die Tiere: Zuerst das Reh, gleich darauf die Häschen, die Eichhörnchen und ein paar Vögel. Und schau – sogar der Igel hat seinen Winterschlaf unterbrochen, um dem Nikolaus ›guten Tag‹ zu sagen. Als aber gar noch der Fuchs erscheint, da verstecken die Häschen sich voller Angst!

Der Fuchs gibt artig Pfötchen und schaut ganz unschuldig drein. Nikolaus lächelt milde und will wissen: »Warst du auch brav, wie du es versprochen hast?« –

»Aber freilich«, behauptet der Fuchs, »und ich habe keine Hasen gejagt!« – »Aber die Hühner vom Bauern!« läßt das Käuzchen sich vom Baum herunter vernehmen. »Ich hab's genau gesehen!«

»So, so«, runzelt der Nikolaus die Stirn. Aber Reineke protestiert: »Alte Petze! Dafür hat der Hofhund mich in den Schwanz gebissen . . .!« »Na, ja«, seufzt der Mann mit dem weißen Bart, »Fuchs bleibt eben Fuchs. – Da, das ist für dich, und bleibe schön brav, hörst du?« – Reineke Fuchs versprichts, und keiner glaubt ihm.

»So jetzt muß ich aber weiter«, erschrickt der Nikolaus, als er sieht, daß der Mond schon ein gutes Stückchen weitergezogen ist. – Aber, o Schreck – der Schlitten ist leer! Es ist nichts mehr da, was lohnte, weiterzufahren: er war halt wie immer sehr großzügig mit seinen Geschenken.

»Macht nichts«, lacht er, spannt die Hirsche wieder an und schnalzt mit den Fingern. »Auf geht's – zurück nach Hause!«

Und gerade, als er losfahren will, zupft ihn doch schon wieder der kleine Engel am Bart: »Du Nikolaus – dort unten warten sie auf dich!« – »Weiß ich« lacht der, und dann fährt er los, so schnell, daß ihm der Wind das Wasser in die Augen treibt.

Daheim angekommen belädt er in aller Eile den Schlitten wieder und vergißt auch nicht den Sack mit den Kastanien und den Eicheln.

Als sie endlich den Hochwald erreichen, schlägt er sich vor die Stirn. »Oje, jetzt habe ich die Laterne vergessen. Wie sollen die Tiere mich finden . . .?«

Aber gleich darauf reibt er sich verwundert die Augen: Da hängt ja schon eine Laterne und rundherum sind die Tiere des Waldes versammelt. Als er gar über der Lichtung einen geradezu überirdischen Lichtschein schweben sieht, da weiß er es: das Engelchen war es; es hat ihm die Laterne nachgebracht.

»Hallo Engelchen«, ruft er, »bleib noch ein bißchen, hörst du? Du könntest mir den Weg weisen, dorthin, wo unsere lieben kleinen Zwerge wohnen!« Statt einer Antwort spürt der Nikolaus, wie man ihn wieder an seinem Bart zupft, und das kann nur Ja bedeuten.

Mal geht es bergan, dann wieder steile Hänge hinunter. – Wenn er nicht wüßte, daß er sich auf den kleinen Engel verlassen kann, hätte er längst Angst bekommen. Aber so folgen die Zugtiere vor dem Schlitten brav der Laterne, und er denkt bei sich: »Wenn ich mich recht erinnere, dann war es im vergangenen Jahr auch so – und im vorletzten und in dem davor: Das Haus der Zwerge, das habe ich noch nie alleine gefunden.«

Und da! – plötzlich bleiben die Hirsche stehen, gehen keinen Schritt mehr weiter.

»Aber, was ist denn?« ruft Nikolaus.

»seid ihr müde? Seid brav und geht noch ein paar Schritte, ja?« Die beiden aber stehen wie festgewachsen. Und da hört er es – ein feines Glöckchenklingeln. Im selben Augenblick flammen alle Lichter eines kleinen Hauses mitten im Wald auf. – »Hurra! Der Nikolaus ist da!« rufen die Zwerge von allen Seiten, und ehe er sich versieht, haben sie die Zugtiere ausgespannt, und schon sitzen die Kleinsten auf deren Rücken.

Der Nikolaus ist sprachlos als er sieht, was die Zwerge ihm zu Ehren alles vorbereitet haben. Am meisten aber freut er sich über ein junges Reh, das ihn bittet: »Wenn ich mal groß bin – darf ich dann deinen Schlitten ziehen?«

»Ah, endlich zu Hause«, reckt sich Sankt Nikolaus und zieht die Stiefel aus. Er läßt sich in seinen Ohrensessel fallen, nimmt das große Buch vom Tisch und blättert darin.

»Also«, murmelt er und streicht eine Seite durch, »dort war ich schon und da auch. Mal sehen, was morgen kommt . . . Ach ja, ich weiß schon –.« Damit klappt er das Buch zu und begibt sich zur Ruhe.

Am nächsten Morgen – oder war es vielleicht schon Mittag? –, da fühlt er sich am Bart gezupft. – »Bist du das schon wieder, Engelchen? Laß mich noch ein bißchen schlafen, bitte!«

»Aber nein«, lacht ein kleines

37

Männnchen mit grüner Zipfelmütze. »Ich bin es doch – der Zwerg Pinkus! Gestern hast du mir vesprochen, daß du mich heute mitnimmst. Erinnerst du dich nicht?«

»Ah ja, ich erinnere mich wohl«, gähnt Nikolaus und reibt sich verschlafen die Augen. »Du bist der, der einmal einen leibhaftigen Pinguin sehen will.« – »Ja!« freut sich Pinkus und hüpft vergnügt von einem Bein aufs andere.

Später, als Sankt Nikolaus die Hirsche anspannt, fragt Pinkus verwundert: »Was ist das denn für ein Schlitten?«

»Der ist für die Länder, in denen der Schnee metertief liegt, verstehst du? Und diesmal ist auch der weiße Hirsch dabei, wie du siehst. – Er kennt sich besonders gut aus im hohen Norden.«

»Du Nikolaus«, fragt Pinkus besorgt, »ist es noch weit? Es wird ja immer kälter!« – »Nun«, lacht der, »du wolltest Pinguine sehen und die gibt's in der Nähe des Nordpols.« »O je . . .«, seufzt Pinkus und zieht die Zipfelmütze fest über seine Ohren.

»So, wir sind da, kleiner Mann. Absteigen!«

Zwerg Pinkus zieht die Mütze von den Augen und hilft, die Hirsche auszuspannen. »Und die Pinguine . . .?« fragt er. – »Dreh dich mal um!« lacht der Nikolaus. Und tatsächlich, da steht er – ein kleiner

Pinguin! »Oh, toll!« sperrt der Zwerg Mund und Augen auf. »Wenn ich das daheim erzähle . . .«

Und während er hilft, die Geschenke zu sortieren, hört er den braunen Hirsch fragen: »He du, kleiner Löwe! Du bist doch nicht aus Stoff! Du . . . du riechst so lebendig . . .« »Ich bin lebendig«, knurrt der Kleine. »Der Nikolaus hat mir versprochen, mir den Schnee zu zeigen.« – »Und? Wie gefällt es dir hier?« – »Überhaupt nicht«, knurrt der Löwe, »viel zu kalt! Nicht mal die Katze wollte mit mir spielen und ist gleich aufs Dach geflüchtet. Schau nur!«

Zwerg Pinkus, der zugehört hat, fängt an zu schwitzen. »Mann o Mann, ein echter Löwe, und ich hab' gar nichts bemerkt. Wenn ich das daheim erzähle . . .«

Tja, und so vergeht die Zeit. – Pinkus erzählt den anderen Zwergen die abenteuerlichsten Geschichten vom Löwen und dem Pinguin. Und weil der Löwe mit jeden Mal größer wird, da glaubt ihm am Ende niemand mehr. – Und genau das sollte auch dem Nikolaus widerfahren – nämlich, daß man ihm nicht glaubte. –»Wie das denn?« werdet ihr fragen. Also angefangen hat es damit, daß er wie jeden Morgen das Kalenderblatt abreißt. Und als auf dem Blatt danach der 6. Dezember ganz dick unterstrichen ist, da leuchten seine Augen: ›Nikolaus‹ steht darauf.

Kaum ist die Sonne untergegangen, fährt er mit seinem Schlitten und den beiden prächtigen Hirschen davor übers Land.

Und schau an – es ist nicht anders als bei den Tieren: Da gibt es Kinder, die fürchten sich, weil sie ein schlechtes Gewissen haben. Andere wieder können es kaum erwarten, weil sie ihr Gedichtchen aufsagen wollen. Ja, und so kommt es, daß er in einem Städtchen am Wegrand plötzlich auf zwei Kinder trifft.

»Brr!« ruft er, und das Gespann hält an. »Was macht ihr denn noch auf der Straße?« fragt er.

»Wir warten auf den Nikolaus«, lacht Tina fröhlich. – »Der bin ich!« nickt der Mann im roten Mantel. Tina kichert. »Ja, das haben die anderen auch gesagt. Sie sind schon der dritte!«

»Soso«, murmelt der Nikolaus. »Und wie haben die ausgesehen?« – »Na, genau wie Sie, aber ohne Schlitten!« Plötzlich stutzt Tina und flüstert dem Kleinen ihn Ohr: »Du, ich glaube, der ist echt. – Schau, er hat das Kätzchen auf dem Schlitten, das ich mir gewünscht habe . . .«

». . . und mein Schaukelpferd!« freut sich Brüderchen.

»Dürfen wir mitfahren, Herr . . . Herr Nikolaus«, fragt das Mädchen darauf zaghaft. »Wir wohnen dort vorn!«

Ja, und das war wirklich das einzige Mal, daß der Nikolaus gemeinsam mit Kindern in deren Haus gekommen ist.

# Wo finde ich das Christkind?

Bitte, Eng'lein, sag' geschwind
wo ich's liebe Christkind find'?
das uns in dieser Heil'gen Nacht
die Freude auf die Welt gebracht?

Bitte, sag' es mir recht schnell,
damit ich zeitig bin zur Stell' –
hab' auch ganz lieb ans Kind gedacht,
und ihm 'was Feines mitgebracht.

Für mich ist es die größte Freude,
find' ich das Christkindlein noch heute;
Dann will ich beten, ihm lobsingen
und ihm mein kleines Herz darbringen!

D'rum liebes Eng'lein, zög're nicht,
noch ist's recht hell, bei Sternenlicht;
Zünd' dein hellstes Sternlein an,
daß ich den Weg gut finden kann.

# Gebäck-Engel

Wenn in der heimischen Küche die Weihnachtsbäckerei beginnt, bricht auch für die Kinder eine herrliche Zeit an. Mit Feuereifer sind sie dabei, wenn auf den ausgerollten Teig Engelschablonen aus Papier gelegt, mit einem Messer umrandend ausgeschnitten werden. Teigreste verschwinden schnell im Mund. Um die Wartezeit während des Abbackens zu überbrücken, werden die Süßigkeiten auf Tellerchen verteilt und probeweise auf den Papierschablonen angeordnet, um dann andächtig mit Zuckerguß auf die abgekühlten Engel geklebt zu werden. Viel zu schade sind die Kunstwerke zum Aufessen. Darum werden sie auf Pappstücke geklebt, an welche Bilderösen (mit Stoffplatten) geklebt oder besser und haltbarer genäht sind – und an die Wand gehängt oder in Cellophan gehüllt verschenkt.

## Lebkuchenteig

**375 g Honig oder Kunsthonig, 100 g Schmalz, 50 g Zucker, 2 Teel. gem. Zimt, ½ Teel. gem. Nelken, 1 Prise gem. Pfeffer (weil es ja auch »Pfefferkuchen« heißt). 1½ Teel. gem. Kardamom, abgeriebene Schale von 1 (ungespritzten) Zitrone, 1 Prise Salz, 1 Ei, 125 g Mondamim, 500 g Mehl, 1 Päckchen Backpulver.**

Honig, Schmalz und Zucker im Kochtopf erwärmen bis alles gelöst ist. In eine Schüssel Mehl, Mondamin, Backpulver, Gewürze und das Ei geben. Die abgekühlte Honigmasse zufügen und gut durchkneten. 2 bis 3 Stunden im Kühlschrank ruhen lassen. Dann den Teig auf bemehltem Tisch etwa ½ cm dick ausrollen. Figuren ausschneiden. In vorgeheiztem Ofen bei 180 Grad 15 bis 25 Minuten backen. Sofort vom Blech lösen, abkühlen lassen und verzieren.

## Farbiger Zuckerguß

In Drogerien gibt es Lebensmittelfarben zu kaufen. Aus Rot, Gelb und Blau lassen sich viele Farben mischen. Aber auch mit anderen Mitteln läßt sich färben: Es eignen sich Zimt, Safran, Eigelb, Kakao, Himbeer- und Waldmeistersirup, in wenig Wasser aufgelöstes grünes Götterspeisenpulver, aufgelöste rote Gelantine.

Für farbigen Guß den Puderzucker wie genannt zähflüssig anrühren, auf mehrere Schälchen verteilen und färben.

# Der Wanderzirkus

Weihnachten ist noch lange nicht. Aber wen wundert es – die Kinder denken an nichts anderes in diesen Tagen. Die alten Skier werden gewachst, und die ganz kleinen holen ihre Schlitten aus den Schuppen, um die Kufen zu entrosten. Dabei ist überhaupt noch kein Schnee gefallen. – Aber eisig kalt ist es!

Pauli kommt als letzter aus der Schule, weil er wieder einmal nachsitzen mußte. Dafür sieht er aber auch als erster den Mann auf dem alten Motorrad, und er denkt: »Den habe ich aber noch nie hier gesehen, der ist bestimmt nicht von hier.« – Als der Mann gleich darauf anhält und irgendwelches Papier aus den Satteltaschen seines Krades kramt, da wird er neugierig und bleibt stehen. Er sieht, wie er ein Plakat an die Scheune vom Nachbarn klebt, und er buchstabiert: »Zirkus RAMASONI kommt. Übermorgen – 1. Vorstellung.«

Pauli rennt durchs Dorf und verkündet jedermann, was er als erster weiß – ein Zirkus kommt!

Tags darauf nach der Schule sind die Kinder allesamt auf der Dorfwiese versammelt und sehen, wie die Männer vom Zirkus das Zelt aufrichten. – Beginn der Vorstellung soll morgen um 4 Uhr nachmittags sein, so steht es angeschrieben.

Aber es sollte ganz anders kommen. Kaum ist das Zelt aufgerichtet, da fängt es zu schneien an.

Am nächsten Morgen kommt Pauli auf dem Weg zur Schule an dem Plakat vorbei und sieht, daß es kreuzweise durchgestrichen ist.

Das ist etwa die gleiche Zeit, wo ein Mann schweren Herzens beim Bürgermeister anklopft – der Direktor von dem kleinen Zirkus ist es.

»Ich mußte die Vorstellung absagen«, sagt er betrübt. Das Zelt könnte unter der Last des Schnees zusammenstürzen . . .«

»Sehr vernünftig«, lobt der Bürgermeister. – »Aber ich hätte noch eine Bitte«, fährt der Direktor fort, »meine Tiere . . . Wir können nicht mehr weiter in diesem Jahr, und . . . und verhungern lassen will ich sie nicht!«

»Soso«, überlegt der Bürgermeister. »Was sind denn das für Tiere?«

»Na ja, ein Kamel und kleine Hunde, die Purzelbäume schlagen – und ein . . . ein Löwe. Aber der ist ganz zahm. Er hat keinen einzigen Zahn mehr im Maul, ehrlich!«

»Und – habt ihr auch einen Esel?« – »Aber freilich, den haben wir auch«, lacht der Mann vom Zirkus.

»Warum fragen Sie?« – »Gut!« schlägt der Bürgermeister auf den Tisch. »Genau so einen brauchen wir für unser Weihnachts-Krippenspiel nächste Woche.«

Die Neuigkeit hat sich schnell herumgesprochen, und als das Eselchen ankommt, da kann es kaum tragen, was die lieben Leute inzwischen gesammelt haben für die anderen Tiere des Zirkus RAMASONI.

# Der erste Schnee

Diese Geschichte erzählt von einem Jungen – Christian heißt er –, der kaum wie ein anderer darauf wartet, daß es doch endlich schneien möge. Vergangenen Monat hat er zum Geburtstag von der Tante Skier geschenkt bekommen, und er kann es kaum erwarten, sie auszuprobieren. Im Kalender steht schon der Dezember, der 1. Advent ist vorüber – nur Schnee, der ist immer noch nicht gefallen. Jeden Morgen krabbelt er aus seinem warmen Bettchen und eilt voller Erwartung ans Fenster. Aber außer welkem Gras und gelben Blättern – nichts!

Doch heute, da ist er mit einem Mal hellwach. Er bekommt ganz große Augen und starrt auf die weiße Pracht ringsum. Dann kneift er sich in den Arm. Aber es stimmt – Schnee!

»Hurra, es hat geschneit«, ruft er und stürmt übermütig ins Schlafzimmer der Eltern. »Papa, Mama – es hat geschneit, hört ihr?!«

»Na ja ...«, murmelt Papa mit einem Blick auf die Uhr und dreht sich auf die andere Seite.

»Aber, Papa – du hast mir versprochen, daß du mir Skifahren lernst!« – »Aber doch nicht vor dem Frühstück, Kind«, flüstert Mama, und Christian geht zurück in sein Zimmer. Aber an Schlaf ist nicht mehr zu denken.

Er steht am Fenster und sieht mit Sorge, wie die weißen Flocken immer weniger werden, je höher die Sonne steigt. Am Ende sieht es aus, als ob der Himmel nur ein bißchen Zucker gestreut hätte, und allenthalben lugen schon wieder die Spitzen der dürren Gräser aus dem Weiß.

Wen wundert es, daß Christian beim Frühstück recht bedrückt ist? Endlich fragt er: »Du, Papa, meinst du, daß der Schnee reichen wird?«

»Zum Shifahren bestimmt nicht«, bedauert Papa, »aber er reicht aus, um den Vögeln die Futtersuche zu erschweren. Was hältst da davon, wenn wir nacher das Futterhäuschen wieder aufbauen?«

»Ui ja«, klatscht Christian in die Hände, »das machen wir, und diesmal darf ich die Nägel einschlagen, ja?«

Nach dem Mittagessen gehen die beiden in den Garten und überlegen, wo das Futterhäuschen geblieben sein könnte. »Ich glaube, wir haben es unter die alte Kastanie gestellt über den Sommer«, meint Christian. – »O ja«, nicht Papa, »du hast recht, dort muß es sein.« Und dann beginnen sie unter dem Haufen Laub, der sich im Herbst angesammelt hat, zu suchen.

»Ich hab's gefunden Papa!« freut sich Christian. »Da ist es, schau!« – »Bravo«, nicht Papa anerkennend. »Räume die Blätter aus, ich hole inzwischen die Leiter und das Werkzeug!«

Und als Papa wiederkommt, da steht der Christian vor dem Laubhaufen und heult, daß es den Himmel erbarmen könnte.

»O Gott, was ist denn passiert?« ruft Papa erschrocken und wirft die Leiter hin. »Was hast du denn?«

»Da . . .«, heult Christian und hält seine blutenden Finger anklagend in die Höhe, »ich . . . ich habe mich gestochen!« – »Aber wo denn?« wundert sich Papa. »Da, im Futterhäuschen«, jammert Christian. – »Ein Nagel vielleicht«, murmelt Papa und macht sich selber ans Werk. »Au!« ruft er plötzlich und zieht die Hand zurück. – »Da siehst du es!« freut sich Christian, und er lächelt schon wieder ein bißchen. Papa indessen geht der Sache auf den Grund: Vorsichtig räumt er das Laub aus dem Futterhaus, und dann lacht er leise vor sich hin.

»Da schau her!« sagt er, und Christian bückt sich zu ihm hinunter. »Kleine Igelchen, drei – und da ist noch eins – vier! Und da – die Igelmama!«

»Ui, toll!« staunt Christian. »Aber, die sehen ja aus, als ob sie schlafen –«

»Logisch, sie wollen hier überwintern«, erklärt Papa, »und dabei sollten wir sie nicht stören.« – »Aber unser Futterhäuschen . . .?« wundert sich Christian. – Ach, wir bauen einfach ein neues«, schlägt Papa vor, »was hältst du davon?«

# Nikolaus

*Wir benötigen:*
**1 Weinkorken**
**1 Holzkugel als Kopf, $\varnothing$ = 2,5−3cm**
**1 kleine rote Holzperle für die Nase**
**Filzreste in Rot, Weiß und Schwarz**
**rote Pfeifenputzer**
**Watte oder weiße Fellreste**
**UHU Alleskleber**

Den Korken beziehen wir entweder mit Filz oder bemalen ihn mit roter Bastelfarbe. Weiße Filzstreifen ergeben den Pelz des Mantels.

Aus einem Halbkreis entsteht die Mütze, die wir zu einer Tüte zusammenkleben und am Kopf befestigen. Watte oder weißes Fell verwenden wir als Bart, eine rote Perle als Nase. Mit Filzstiften malen wir den Mund und die Augen auf.

Mit UHU Alleskleber den fertigen Holzkugelkopf am Korken festkleben.

Zuletzt erhält der Nikolaus noch Arme aus Pfeifenputzern und schwarze Filzschuhe.

Zum Aufhängen ziehen wir einen Faden durch die Mütze.

# Schneemann

*Wir benötigen:*
**1 Wattekugel, ∅ = 6 cm (Körper)**
**1 Wattekugel, ∅ = 4 cm (Kopf)**
**weiße Pfeifenputzer**
**Holzperlen für Knöpfe und Nase**
**rotes Tonpapier**
**1 Weinkorken**
**1 Zahnstocher**
**etwas braune Wolle**
**Stoffreste für den Schal**
**UHU Alleskleber**

Die kleinere Wattekugel als Kopf auf den Körper kleben. Weiße Pfeifenputzer zurechtschneiden und ebenfalls am Körper befestigen.

Für den Zylinder schneiden wir aus rotem Tonpapier einen Kreis, ∅ = 5,5 cm, auf den wir einen mit Tonpapier bezogenen Weinkorken kleben. Wer möchte, kann den Korken auch nur bemalen. Mit einer Stopfnadel einen Faden durch den Zylinder ziehen, an dem das Schneemännchen hinterher aufgehängt wird. Erst jetzt kleben wir den Hut auf dem Kopf fest.

Augen und Mund aufmalen, Perlennase und Knöpfe aufkleben. Als Besenstiel verwenden wir einen Zahnstocher, um den wir kleine Wollstücke kleben. Wer möchte, bindet seinem Schneemann noch einen hübschen Schal um.

# Strohsterne

Weit draußen hinter dem Dorf steht ein Häuschen, fast verborgen von den hohen Fichten ringsum.

Drinnen lebt Elfi mit ihrer Mutter, und es sind sehr arme Leute. Im Sommer sammeln sie Pilze und verkaufen sie auf dem Dorfmarkt, und wenn die Felder im Herbst abgeerntet werden, da gehen sie hinterher und sammeln die liegengebliebenen Strohhalme auf.

»Wofür das denn?« werdet ihr fragen. Nun, ganz einfach: aus Strohhalmen kann man wunderschöne Christsterne basteln, vorausgesetzt, man versteht sich in dieser Kunst.

Elfi und ihre Mama sind darin wahre Meister: da wird geschnitten, gebündelt und geflochten, und am Ende ist wieder ein Karton angefüllt bis oben hin.

»Ach Kind«, seufzt Mama, »wenn wir das alles nur schon verkauft hätten —«

»Warte ab«, meint Elfi mit einem geheimnisvollen Lächeln, »gestern nacht hatte ich einen wundervollen Traum: gerade als ich auf dem Marktplatz stand, kam ein Prinz angeritten, und er hat mir all unsere Sterne abgekauft und mit goldenen Talern bezahlt!«

»Tja«, seufzt Mama übers andere Mal. »Schade, daß es nur ein Traum gewesen ist. — Komm, laß uns weitermachen, Kleines.«

»Du, Mama«, fragt Elfi nach einer Weile, »darf ich noch ein bißchen aufbleiben? Ich möchte noch ein paar Sterne machen heute nacht, weil ich doch an meinen Traum glaube.«

»Nun gut«, lächelt Mama, und dann füllen sie noch einmal eine Schachtel bis zur Hälfte.

Am nächsten Morgen – es ist Samstag – steht Elfi hinter ihrem kleinen Tischchen auf dem Marktplatz und hält die Strohsterne feil.

Es ist fürchterlich kalt geworden, und sie rudert mit den Armen, wie es die Großen tun. Nur – verkauft hat sie noch gar nichts. Aber gerade, als sie sich am Kohleöfchen der Gemüsehändlerin nebenan ein bißchen aufwärmt, da hält ein Auto. Ein Mann steigt aus, sieht sich um und prüft die Ware, die angepriesen wird.

Am Ende entdeckt er die Strohsterne und will wissen: »Wer hat die denn gemacht?«

»Ich«, hebt Elfi zaghaft die Hand. »Gefallen sie Ihnen?« – »Sehr sogar«, sagt der Mann ernsthaft. »Ich kaufe sie dir ab, alle! Wieviel kostet einer?«

»Fünf Kreuzer«, stammelt Elfi und erschrickt sogleich über ihre ungeheuere Forderung, wie sie meint. »Nun gut«, überlegt der Mann. »Was aber, wenn ich dir noch tausend davon abkaufe? – Hast du denn überhaupt so viele? Ich brauche sie zum Advent, will sie in der Stadt verkaufen.« – »Aber sicher, Herr!« freut sich Elfi, und ihr ist gar nicht mehr kalt in diesem Augenblick.

Darauf steigt der Mann wieder in sein Auto und ruft: »Also, in einer Woche bin ich wieder hier – tausend Sterne, abgemacht?«

Elfi rennt nach Hause und erzählt Mama, was geschehen ist. »Ich habe dir doch von meinem Traum erzählt«, sprudelt sie hervor, ». . . von dem Prinzen, der mir alles abgekauft hat.«
»Der auf dem Pferd«, nickt Mama und lächelt. – »Nein, es war ein Mann in einem Auto, und er will tausend Sterne!«

53

# Stroh-Sterne

Sie sind immer wieder die Stars weihnachtlicher Basteleien. Seit Hunderten von Jahren erfreuen sie mit ihren vielfältigen Formen. Ist es die Liebe zum Naturmaterial, ist es das billige Stroh, das man früher ja nur auf der Tenne aufzusammeln brauchte? Natürlich könnten wir es uns leisten, uns Strohsterne zu kaufen – im nächsten Laden oder Weihnachtsbasar, doch serienmäßig hergestellten, gekauften Dingen fehlt die »Seele«. Auch die kunstvollsten Strohsterne sind davon nicht ausgenommen. Also basteln wir sie mit Liebe und Hingabe selbst. Wir brauchen dazu ein Bund Trinkstrohhalme und Stickgarn. Die Strohhalme werden ca. eine Stunde in warmes Wasser gelegt. Mit einem Teller beschweren, damit sie nicht oben schwimmen. Dann mit einem nicht zu heißen Bügeleisen auf einem alten Tuch flachplätten. Ein heißes Eisen bräunt das Stroh zu köstlichen Schattierungen. Für zarte Sterne werden die Halme vor dem Bügeln mit einem scharfen Messer oder einer Rasierklinge gespalten. Zu Hobbykursen oder Bastelstunden nehmen wir das geweichte Stroh in ein feuchtes Tuch eingeschlagen mit. Trockenes Stroh ist spröde und bricht.

Beim ersten Versuch legen wir vier Halme kreuzweise übereinander, umschlingen einen Faden, den wir verknoten. Dann legen wir weitere Halme auf, verbinden wieder mit

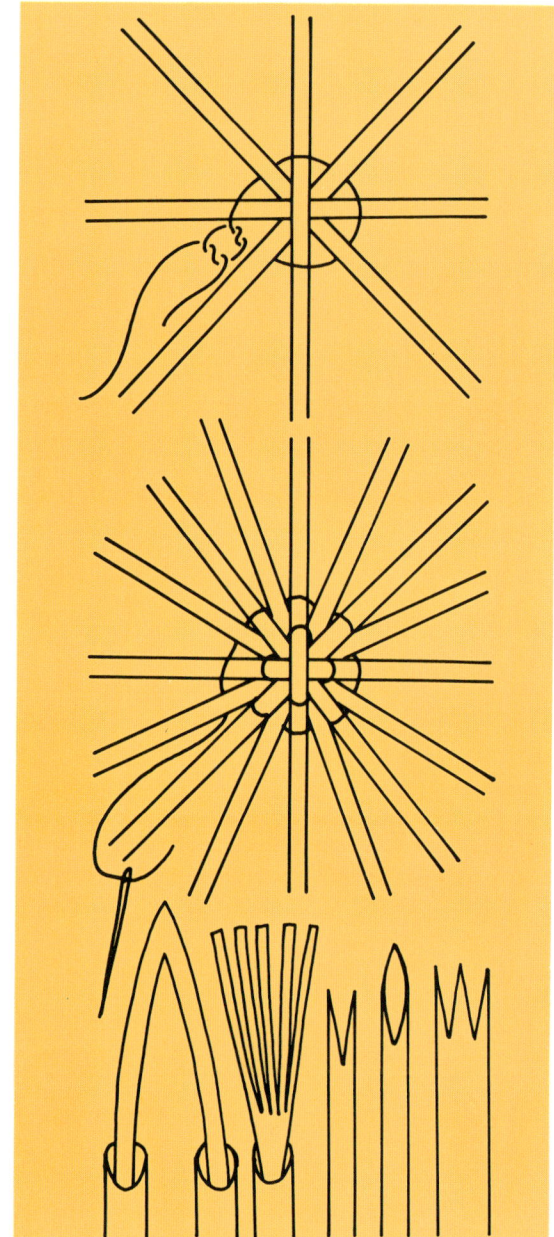

dem Faden, ziehen den Faden an und verknoten. Erfahrene Strohstern-Bastler legen gleich acht Halme übereinander. Die Halmenden werden zum Schluß zu einer Sternform beschnitten, alle gleich lang, oder einmal lang, einmal kurz oder. . . . Es gibt unendlich viele Variationen – auch durch verschiedenartiges Zuschneiden der Strahlen oder Einstecken neuer Hälmchen.

# Weihnachtszeit

Nun ist die Weihnachtszeit –
drum Kinder, seid bereit –
übt fleißig Liedlein ein,
da wird sich's Christkind freu'n,
. . . es hört die Kinder singen so gern!

Wenn ihr noch zwanzigmal aufgewacht,
freut ihr euch auf die Heilige Nacht –
dann bringt ihr dem Kind ein Ständchen dar,
genau wie im vergangenen Jahr.
Es lächelt das Christkind und greift nach dem Stern.

um von dem Sternlein einem jeden
von euch ein Stückchen abzugeben,
damit es euch leuchte im ganzen Jahr
und ihr euch erinnert, wie's Weihnachten war!
Und ihr vom Glanz der euch nun erhellt,
ein bißchen abgebt an euerer Welt.

# Morgen, Kinder, wird's was geben

*M. F. Ph. Bartsch*

Mor-gen, Kin-der, wird's was-ge-ben, mor-gen wer-den wir uns freu'n!

Welch ein Ju-bel, welch ein Le-ben, wird in un-serm Hau-se sein!

Ein-mal wer-den wir noch wach, hei-ßa! Dann ist Weih-nachts-tag!

2. Wie wird dann die Stube glänzen
von der großen Lichter Zahl,
schöner als bei frohen Tänzen
ein geputzter Kronensaal!
Wißt ihr noch, wie vor'ges Jahr
es am Heiligen Abend war?

3. Welch ein schöner Tag ist morgen!
Neue Freuden hoffen wir!
Uns're guten Eltern sorgen
lange, lange schon dafür.
O gewiß, wer sie nicht ehrt,
ist der ganzen Lust nicht wert!

# Bald ist Weihnacht

Draußen ist es kalt geworden. – Ein launischer, böiger Wind bläst die letzten gelben Blätter aus den Zweigen der Bäume: der Winter meldet sich an.

Das ist die Zeit, in der die Kinder überlegen, was zu tun sei. Im Freien spielen? – Dafür ist es schon zu kalt! Daheim bleiben? – Ach, wie langweilig. Es sei denn . . . »Guten Morgen, Kinder!« lacht der Lehrer gutgelaunt und setzt sich hinter sein Pult. »Was steht für heute auf dem Stundenplan?«

»Rechnen«, antwortet Stefan leise und schaut wie immer recht besorgt drein.

»Und welchen Tag haben wir übermorgen?«

»Martinstag!« hebt Heinz den Finger, und der Lehrer lobt ihn. – »Bravo, und was bedeutet das?«

»Daß wir Laternen basteln, Herr Lehrer«, strahlt Stefan und packt sein Rechenbuch schnell wieder in den Ranzen. »Genau das«, lächelt der Lehrer milde, nimmt die Kreide und malt seine Vorschläge an die Wandtafel.

Und kaum ist die Schule aus, da rennen sie alle los in den Schreibwarenladen an der Ecke, fragen, was das bunte Papier und die Pappe kosten und all das, was man zum Laternenbasteln halt so braucht.

Und da schau her, jetzt kann auch der Stefan plötzlich rechnen: ganz flink hat er all die Ausgaben für seine Laterne zusammengezählt. Dann nimmt er ein neues Blatt und schreibt darauf die Summe, die er – wie er weiß – in seinem Sparschwein hat.

»Und?« will Fritz wissen. »Wie sieht es aus?«

»Es reicht«, freut sich Stefan, »ich habe sogar noch etwas übrig danach.«

»Du hast aber auch ein Glück«, seufzt Fritz. »Ich werde wohl wieder einmal meinen Papa um mehr Taschengeld bitten müssen.«

# Einfacher Lebkuchenteig

**Zutaten:**

700 g Mehl
250 g Honig
200 g Zucker
100 g Margarine
2 Eier
50 g Zitronat
50 g Orangeat
1 gehäufter EL Kakao
1 MSP gemahlene Nelken
1 TL Zimt, gehäuft
¼ TL Kardamom
Prise Salz
5 g Hirschhornsalz in 2 EL Wasser
Zum Ausrollen Instantmehl

Margarine, Honig und Zucker erhitzen und wieder abkühlen lassen. Hirschhornsalz, Salz, Gewürze und Eier gut mit der Masse verrühren. Zuletzt das Mehl, Zitronat und Orangeat dazukneten.

Den Teig 2 Tage, oder nach Bedarf einige Wochen kühl lagern.

Auf Instantmehl 4 mm dick ausrollen, ausstechen, oder nach Schablone ausschneiden und auf Backtrennpapier bei 170 Grad etwa 15 Minuten backen.

Dieser Teig wird etwas fest, geht nicht übermäßig hoch auf. Eine Nachbarin sagte: »Endlich Lebkuchen wie ich sie von früher kenne.«

Büschen und Bäumen umherkriecht. »Mein Hoppelchen ist verschwunden!« weint er. »Es hat sich bestimmt verirrt, und wenn es nicht heimfindet, wird es erfrieren heute nacht!«

Beim Abendessen ist Andreas ganz still und stochert nur ein bißchen mit der Gabel im Teller herum. Endlich räumt Mama das Geschirr weg. Papa holt seine Taschenlampe, und dann sucht er mit dem Kleinen den Garten ab. – Nichts!

Als es für Andreas Zeit ist, ins Bett zu gehen tröstet ihn Mama: »Mach dir keine Sorgen, Bub. Unser Hoppel kommt schon wieder, du wirst sehen!« Damit deckt sie ihn zu und schließt leise die Tür.

Andreas aber kann nicht schlafen. Er steht gleich wieder auf, geht zum Fenster und schaut in den Garten hinunter. »Hoppelchen«, flustert er leise, »komm doch wieder, hörst du? Ich bin dir auch gar nicht mehr böse.« Und nach einer Weile: »Ich hab' auch ganz saftige Mohrrübchen für dich; Mama hat sie in einem Sandkasten im Keller versteckt . . .« Später, als im Haus alle Lichter verlöschen, schaut Mama noch einmal ins Kinderzimmer.

Andreas liegt in seinem Bettchen und lächelt glücklich. Und neben ihm mit unschuldigen Augen – Hoppelchen, das sich schon am Nachmittag aus Furcht vor der Kälte ins Haus geschlichen hatte.

# Laßt uns das Kindlein wiegen

*Melodie und Text: Gesangbuch A. Quentel, Köln 1619*

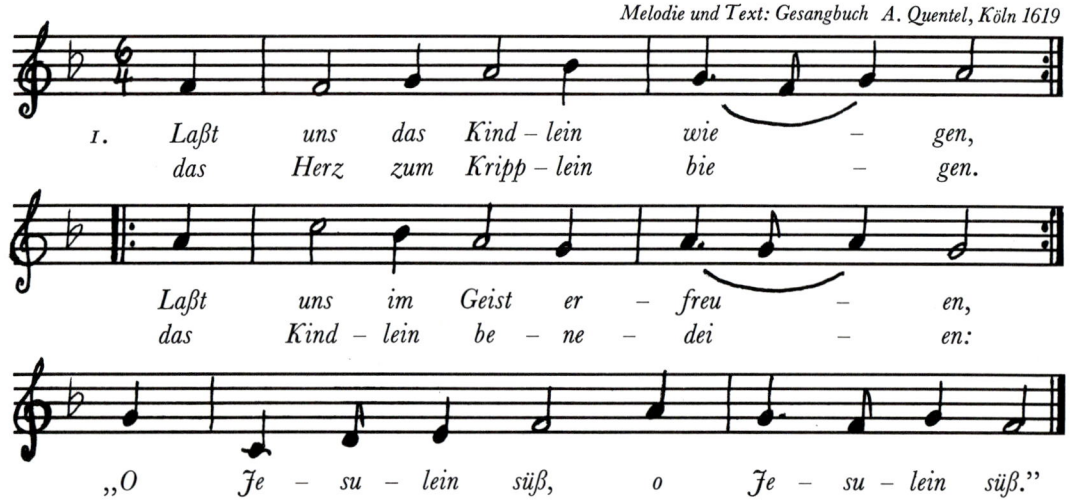

1. Laßt uns das Kind – lein wie – gen,
das Herz zum Kripp – lein bie – gen.
Laßt uns im Geist er – freu – en,
das Kind – lein be – ne – dei – en:
„O Je – su – lein süß, o Je – su – lein süß."

2. Laßt uns dem Kindlein neigen,
ihm Lieb und Dienst erzeigen.
Laßt uns doch jubilieren
und geistlich triumphieren:
„O Jesulein süß, o Jesulein süß."

3. Laßt uns dem Kindlein singen,
ihm unser Opfer bringen,
ihm alle Ehr beweisen
mit Loben und mit Preisen:
„O Jesulein süß, o Jesulein süß."

4. Laßt uns sein Diener werden,
dieweil wir leben auf Erden:
es wird uns wohl belohnen
mit der himmlischen Kronen.
„O Jesulein süß, o Jesulein süß."

# Blinde Passagiere

»Ist heute ein Brief für uns dabei?« fragt Anni zögernd und hält das Brüderchen an der Hand. – »Laßt mich mal sehen«, lächelt die Frau in der weißen Tracht gütig, und dann blättert sie die Post durch, die gerade angekommen ist. »Nein Kinder«, sagt sie bedauernd, »wieder nicht.« Gleich darauf hört man den Gong, der das Mittagessen ankündigt.

»Schau mal«, sagt Ralf betrübt und zeigt auf die leeren Tische ringsum, »wir sind die letzten. Alle anderen sind schon von irgendwem eingeladen worden zu Weihnachten.«

»Sei still!« schimpft Anni und fängt gleich darauf zu heulen an. »Jetzt habe ich gar keinen Hunger mehr!«

»Husch, husch, ins Bettchen!« klatscht die Frau später in die Hände und macht dann leise die Tür des Zimmerchens zu. – Ralf geht zum Fenster und meint: »Vollmond ist es.« – »Na ja, dann ist halt Vollmond«, brummelt Anni und dreht sich auf die andere Seite. – »Ui, aber jetzt schneit es!« ruft Ralf und reibt sich die Hände. »Morgen bauen wir einen Schneemann, ja?« – »Wenn du meinst«, seufzt Anni. »Aber geh' endlich schlafen!«

Und wirklich – am Morgen liegt dichter Schnee rings um das Haus. Und er ist auch noch schön pappig, so richtig zum Kugelrollen!

»Schau mal!« ruft Ralf übermütig. »Sieht mein Schneemann nicht aus wie Oma?« – Anni fängt gleich wieder zu weinen an und schluchzt: »Möchte nur wissen, warum sie uns heuer nicht eingeladen hat . . .?«

»Vielleicht ist sie krank?« überlegt Ralf. »Dabei habe ich für ihren Christbaum wunderschöne Sterne ausgeschnitten . . .«

Als am frühen Nachmittag die Dunkelheit hereinbricht – es ist Tag vor Heiligabend –, da gehen die beiden zurück ins Haus. An der Pforte kommen sie am Pult der Ordensschwester vorbei und schauen voller Hoffnung auf den Kasten, in dem die Briefe liegen. »Tut mir leid, Kinder«, sagt sie betrübt, »heute ist überhaupt keine Post gekommen.« Und bevor die beiden die Treppe erreichen, ruft sie ihnen nach: »Seid nicht traurig Kinder! Schaut, bei mir ist es gerade umgekehrt: Ich könnte nach Hause fahren, aber ich bleibe bei euch. Und morgen feiern wir zusammen Weihnachten, wir drei ganz allein.«

Ralf bleibt stehen und versucht zu lächeln. »Danke, das ist lieb von Ihnen, Schwester Ursula.« – »Na, seht ihr«, freut sich die Frau, »und heute abend koche ich für uns, weil die Köchin schon Ferien hat. Also, bis 6 Uhr! Ich rufe euch mit dem Gong, ja?«

Im Zimmer angekommen schiebt Ralf mit dem Fuß die gepackten Köfferchen hin und her. Dann geht er zum Fenster und schaut auf den Hof hinunter.

»Ich möchte nur wissen, warum

Oma uns nicht eingeladen hat«, murmelt er. »Wir waren doch brav, und wir haben ihr jede Woche einen Brief geschrieben . . .« – »Tja«, seufzt Anni und schaut auch aus dem Fenster. »He«, ruft sie plötzlich, »sieh mal! Die Postkutsche kommt!« – »Weiß ich«, hebt Ralf die Schultern, »sie holt den Hausmeister ab.« Und nach einer Weile: »Ich habe eine Idee, Schwesterchen. Wir fahren auch mit – zur Oma!« – »Aber, aber das geht doch nicht!« protestiert Anni. »Schwester Ursula . . .«

Ralf nimmt schnell ein Stück Papier und schreibt: »Wir sind bei unserer Oma.« Das legt er auf sein Bettchen, nimmt die beiden Köfferchen und zieht Anni mit sich die Treppe hinunter. Leise öffnet er die Tür zum Kohlenkeller – er weiß, daß sie quietscht – und dann flüstert er Anni ins Ohr. »Wir schlüpfen durchs Fenster, ja?« – »Aber der Hausmeister kennt uns doch . . .« sagt Anni ängstlich. – »Na und?« kichert Ralf. »Wir fahren hinten auf dem Gepäcksitz. Ist doch bloß eine halbe Stunde!«

Als die Kutsche im Nachbardorf ankommt, sehen Ralf und Anni, daß hier schon alles für Heiligabend vorbereitet ist: Auf dem Dorfplatz steht ein wunderschöner Christbaum und vor der Kirche üben Kinder ein Weihnachtslied.

Endlich hält der Wagen. Die Pferde schnauben und schütteln ihre Mähnen. Dann steigen die Leute aus; ein Glück, daß der Hausmeister vorne an den Pferden vorbeigeht und die beiden nicht entdeckt.

Der Kutscher aber geht, ehe er die Pferde ausspannt, um das Gefährt und prüft die Räder. – »Holla«, stutzt er, »zwei blinde Passagiere, und ich hab' gar nichts gemerkt. Na, so was!«

»Aber wir sind nicht blind!« protestiert Anni. »Wir wohnen im Waisenhaus und wollen zu unserer Oma, die hier wohnt.« – »So so«, schiebt der Kutscher sich den Zylinder in den Nacken, »und in welchem Haus?«

»Hallo Kinder! Daß ihr schon da seid?« freut Oma sich. »Dabei habe ich den Brief erst heute aufgegeben, und darin war auch das Geld für die Fahrt.«

»Aha, das ist der, den ich gerade im Waisenhaus abgeliefert habe«, begreift der Kutscher, der mitgekommen ist.

»Arme Schwester Ursula«, seufzt Anni. »Jetzt hat sie für uns gekocht und muß alles alleine essen . . .«

»Ach ja?« spitzt der Kutscher die Ohren. »Dann muß ich mich beeilen, um der guten Frau auszurichten, daß ihr wohlbehalten angekommen seid. – Auf Wiedersehen und frohe Weihnacht!«

# Stille Nacht, Heilige Nacht!

*Worte : Joseph Mohr - Mel. Franz Gruber*
*1787-1863*

Stil – le Nacht, Hei – li – ge Nacht!

Al – les schläft, ein – sam wacht nur das traute hoch-

hei – li – ge Paar. Hol – der Kna – be im

lok – ki – gen Haar, schlaf in himm – li – scher

Ruh, schlaf in himm – li – scher Ruh!

2. *Stille Nacht, Heilige Nacht!*
*Hirten erst kundgemacht*
*durch der Engel Halleluja,*
*tönt es laut von fern und nah:*
*Christ, der Retter ist da!*
*Christ, der Retter ist da!*

3. *Stille Nacht, Heilige Nacht!*
*Gottes Sohn, oh, wie lacht*
*lieb' aus deinem göttlichen Mund,*
*da uns schlägt die rettende Stund,*
*Christ, in Deiner Geburt,*
*Christ, in Deiner Geburt!*

# Weihnachten im Zoo

Es gibt ein Dorf im Hinterland, das sich bei den Kindern weit und breit großer Beliebtheit erfreut. Ein Rathaus hat es und eine Kirche, wie alle anderen auch. Aber – und das ist das Besondere – es hat auch einen Zoo! Im Sommer, wenn schönes Wetter ist, dann kommen nicht selten zwei, drei Omnibusse mit Schulklassen angefahren, und die Lehrer zeigen den Kindern Tiere, die sie sonst nur aus den Büchern kennen.

Nun, zugegeben – viele Exoten sind nicht darunter. Vielleicht das Äffchen oder der Luchs.

Aber wo kann man schon Zwergschafe streicheln oder gar zahme Rehe? Und wo darf man auf einem Eselchen reiten?

Aber wenn die Tage kürzer werden, der Herbstwind die Blätter von den Bäumen fegt und gar, wie jetzt, Weihnachten vor der Tür steht, da wird es recht ruhig in dem kleinen Zoo; die Kinder sind viel zu sehr beschäftigt, fiebern dem Heiligabend entgegen.

Als der Lehrer am letzten Tag vor den Ferien sein Buch zuklappt, meint er nachdenklich: »Habt ihr euch schon einmal Gedanken gemacht über unseren kleinen Tiergarten? – Vor vier Jahren habe ich ihn aufgebaut, um euch und den anderen eine Freude zu machen.

Mittlerweile haben die Tiere sich an euch gewöhnt. Wenn ihr sie nicht besucht, vereinsamen sie, werden ganz traurig, versteht ihr das?«

Jetzt ist es aber ganz still geworden in der Klasse. – Axel hat als erster eine Idee: »Wir feiern Heiligabend im Zoo!« – »Aber nein, so habe ich das nicht gemeint«, lächelt der Lehrer. »Nehmen wir irgendeinen Tag zwischen Weihnachten und den Heiligen Drei Königen, abgemacht?« Und so kommt es, daß eines nachmittags die Kinder mit allerlei Geschenken bepackt am Pförtchen des kleinen Zoos warten.

Der Lehrer geht voraus, und dann wird verteilt: Dem Äffchen die Bananen, dem Eichhörnchen die Nüsse, und ... und ... Axel hat inzwischen dem Eselchen einen Korb voller Äpfel aufgeladen: »Die sind für August«, sagt er wichtig. – »Aber August mag lieber Fische!« lacht Anni.

Ach, wer August ist, fragt ihr? Nun, das ist ein Braunbär. Der Lehrer hat ihn von einem Wanderzirkus gekauft, und jetzt hat er sogar ein eigenes Haus – die alte Burgruine nämlich.

Axel zündet die Kerzen an und eine Fackel am Eingang zum Gehege. Dann murmelt er: »Jetzt bin ich aber gespannt, August: Meine Äpfel, oder die Fische von der Anni ...!«

# Vom Himmel hoch, da komm ich her

Martin Luther

Vom Him – mel hoch, da komm ich her, ich
bring euch gu – te neu – e Mär. Der
gu – ten Mär bring ich so viel, da –
von ich sin – gen und sa – gen will.

2. Euch ist ein Kindlein heut geborn
von einer Jungfrau auserkorn,
ein Kindelein so zart und fein,
das soll euer Freud und Wonne sein.

3. Es ist der Herr Christ, unser Gott,
der will euch führn aus aller Not.
Er will euer Heiland selber sein,
von allen Sünden machen rein.

4. Des laßt uns alle fröhlich sein
und mit den Hirten gehn hinein,
zu sehn, was Gott uns hat beschert,
mit seinem lieben Sohn verehrt.

# Ein Ständchen für das Christkind

Laßt uns jetzt ein Ständchen bringen,
dem Heiligen Kind ein Liedlein singen,
damit es jauchzet voller Lust, –
wir singen froh, aus tiefer Brust.

Wir singen fleißig, immer wieder
die schönsten uns'rer Weihnachtslieder.
Jetzt aber singen wir leiser und fein
weil's Gotteskind schlummert so selig ein. –

Und nun in seinem Himmelstraum,
können wir das Christkind schau'n,
das selbst im tiefstem Schlaf bedenkt,
wie es der Menschheit Freunde schenkt.

Dann falten wir still uns're kleinen Hände,
denn unser Ständchen für's Kind ist zu Ende.
Hoffentlich konnten wir dich erfreu'n, –
du Gotteskind, – lieb's Jesulein.

# Haferflockenplätzchen

**Zutaten:**

50 g Haferflocken, 50 g Haselnüsse gerieben, 20 g Buchweizenmehl, 20 g Muskovadozucker, 50 g Reformmargarine, 2 Eier, 1 EL Honig, Arrakgeschmack. Zum Verzieren 2 gehäufte EL Brombeermarmelade.

Die Zutaten miteinander vermengen, in eine Spritztüte mit großer Tülle füllen und kleine Rosetten auf das mit Backtrennpapier ausgelegte Blech spritzen. Etwas flachdrücken und einen Tupfer Marmelade daraufgeben. Bei 160 Grad 15–20 Minuten backen (ca. 35 Stück).

# Korinthenplätzchen

**Zutaten:**

100 g Korinthen, 50 g Feigen sehr klein geschnitten, 25 g Orangeat fein gehackt, 50 g Sojamehl, 50 g Haferflocken, 50 g Haselnüsse gerieben, 50 g Reformmargarine, 2 EL Honig gehäuft, 1 Ei, 2 Eigelb. Zum Beziehen 1 Eiklar mit 1 Messerspitze Honig verrührt. Zum Bestreuen 50 g geschälte Mandeln gehackt. Zum Belegen 30 geschälte Mandeln.

Die Zutaten gut miteinander vermengen. Kleine Kugeln formen und flachdrücken. Wie ein Rad rollt man diese Taler erst durch die Eiklar-Honigmischung, dann durch die gehackten Mandeln. Die geschälten Mandeln werden mit der Unterseite ebenfalls in das Eiklar getaucht und dann aufgelegt. (Nicht die ganzen Mandeln tauchen, da sie beim Backen dann zu braun werden!) Auf Backtrennpapier bei 160 Grad ca. 18 Minuten backen (ca. 30 Stück).

41

42

43

# Der Weihnachtsmann

Der gute, alte Weihnachtsmann
spannt seinen kleinen Esel an
und fährt »klingling! trapp, trapp!« alsbald
mit seinem Schlitten durch den Wald.

Derweil sind Petra und der Paul
beim Schuheputzen gar nicht faul.
Sie wichsen und polieren sie,
so daß sie glänzen wie noch nie.

Sie stellen dann der Schuhe vier
beim Schlafengehen vor die Tür.
»Der Weihnachtsmann legt was hinein«,
so sagen sie und schlafen ein.

Die Schlittenglöckchen klingeln sacht
durchs ganze Land in dieser Nacht.
Der Schlitten hält vor jedem Haus,
der Weihnachtsmann packt alles aus.

Das freut die Kinder in der Früh,
und außerdem entdecken sie
vom Weihnachtsmann die Schlittenspur.
Wo wohnt er nur?

# Glöckchen kling!

(Jingle Bells)

Aus England

Leicht und un – be – schwert jagt der Schlit – ten ü – ber's Feld, im Ga – lopp das
Dash-ing thro' the snow in a one – horse o – pen sleigh, o'er the fields we

Pferd, o wie froh die Welt! Glöck – chen klin – gen hell,
go, laughing all the way. Bells on bob – tail ring,

Sin – get al – le mit! Wie herr – lich ü – ber'n Schnee zu ja – gen
mak – ing spir – its bright, what fun it is to ride and sing a

mit dem Schlitten – lied: Glöck – chen kling! Glöck – chen kling! Klin-ge din, don,
sleigh – ing song to night. Jin – gle bells! Jingle bells! Jin-gle all the

dan! O, wie herr – lich hin – zu – ja – gen auf wei – ßer Win – ter-
way! Oh, what fun it is to ride in a one – horse o – pen

bahn, hei! Glöck – chen kling! Glöck – chen kling! Klin – ge din, don,
sleigh oh, Jin – gle bells! Jin – gle bells! Jin – gle all the

dan! O, wie herr – lich hin – zu – ja – gen auf wei – ßer Win – ter-bahn!
way! Oh, what fun it is to ride in a one – horse o – pen sleigh!

Anm.: Für den englischen Originaltext müssen mehrere Auftakte in jeder Strophe leicht verändert bzw. hinzugefügt werden.

# Laßt uns froh und munter sein

*Aus dem Rheinland*

Laßt uns froh und mun-ter sein

und uns recht von Her-zen freun!

Lu-stig, Lu-stig, tral-le-ral-le-ra!

Bald ist Ni-ko-laus - a-bend da,

bald ist Ni-ko-laus - a-bend da!

2. Dann stell ich den Teller auf,
Niklaus legt gewiß was drauf,
lustig, lustig, trallerallera,
bald ist Niklausabend da!

3. Wenn ich schlaf, dann träume ich,
jetzt bringt Niklaus was für mich.
lustig, lustig, trallerallera,
nun war Nikolausabend da!

4. Wenn ich aufgestanden bin,
lauf ich schnell zum Teller hin.
lustig, lustig, trallerallera,
nun war Nikolausabend da!

# Der Adventskranz

Nun wird es von Tag zu Tag kälter. – Ein eisiger Wind fegt durch die Gassen, und wen wundert es, daß die Leute ihre Pelzmützen hervorkramen und Handschuhe anziehen, wenn sie aus dem Haus müssen? – Es ist Ende November, und fünf Tage stehen noch im Kalender bis zum 1. Advent.

»Machst du auch mit?« will Heinz wissen, als er Fritz auf dem Weg zur Schule trifft. – »Mitmachen? Wo denn?« –

»Adventskranz-Wettbewerb. Hast du nicht die Bekanntmachung vom Bürgermeister gelesen? Der schönste Kranz wird prämiert, und ausgestellt werden sie im Rathaus-Saal.«

»Oh, toll!« freut sich Fritz. »Da bin ich dabei.« Und nach einer Weile fragt er: »Wie macht man denn so einen Kranz?« – »Weiß ich nicht«, gesteht Heinz. »Aber meine Mama hilft mir dabei, hat sie gesagt.«

Und der Herr Lehrer tut natürlich auch sein Bestes: er erklärt den Kindern, wie so ein Adventskranz entsteht. »Also, ihr nehmt einen Weidenzweig und bindet ihn zu einem Kreis«, sagt er, »und dann befestigt ihr ringsherum das Tannengrün mit Draht. – Aber achtet darauf, daß es schön fest anliegt, sonst sieht hinterher alles so struppig aus. – Zum Schluß knüpft ihr drei oder vier Bändel an den Kranz, damit man ihn daran an der Zimmerdecke aufhängen kann. – Und dann die Kerzen! Vier müssen es sein, weil wir vier Advents-Sonntage haben, versteht ihr?«

Dann ist es soweit. Die Kinder kommen zum Rathaus, um ihre Adventskränze zur Prämierung auszustellen.

Der Gemeindediener läßt sie ein und zeigt ihnen die Haken, die er in die Decke geschraubt hat.

»So, aber aufhängen müßt ihr sie selber«, meint er und stellt eine Leiter bereit. – Die Kinder raufen beinahe darum, aber letztlich hängen alle Kränze an ihrem Haken, und das kleine Völkchen zieht wieder nach Hause; die Preisverteilung findet ja erst am Abend statt.

Und jetzt sitzen sie da, dicht aneinandergedrängt – Eltern und Kinder. »Ich bekomme bestimmt einen Preis!« flüstert Fritz seinem Papa ins Ohr. »Mir hat nämlich die Elfi geholfen, und ich habe ihr dafür ein paar von ihren Strohsternen für unseren Christbaum abgekauft.«

»Pscht!« mahnt Papa und legt den Finger auf den Mund. »Der Bürgermeister spricht.«

Ja, und dann nennt man die Namen der Preisträger. Nur – der Fritz ist nicht darunter.

Die Leute wollen gerade aufstehen, da gebietet der Bürgermeister: »Halt, Leute, bleibt noch ein bißchen! Wir haben doch noch einen Sonderpreis zu vergeben, den für die originellste Idee – der vom Fritz. An seinem Adventskranz hängen die Kerzen nämlich nach unten –« Darauf fängt der Mann zu lachen an und wen wundert's, die Bürger stimmen mit ein. Bis auf einen, den Malermeister.

»Was?!« ärgert der sich leise und stupst seinen Sohn, den Fritz, in die Rippen. »Du hast mich vor allen Leuten blamiert!« – »Aber wo«, flüstert Fritz, »da hat mir halt einer einen Streich gespielt.«

»Also, Junge, erzähle uns mal, was dich auf diese Idee gebracht hat«, fordert der Bürgermeister und lacht noch immer.

Fritz, von dem man weiß, daß er nie um eine Ausrede verlegen ist, steht auf und überlegt ganz kurz. Dann meint er treuherzig: »Ach, das kam so, Herr Bürgermeister: Im letzten Jahr habe ich mich geärgert, daß ich immer auf einen Stuhl steigen mußte, wenn ich die Kerzen anzünden wollte. Wenn sie aber nach unten hängen, dann komme ich ganz leicht ran, habe ich mir gedacht – ganz ohne Stuhl . . .!«

# Fröbel-Sterne

Friedrich Fröbel (1782–1852), der Vater des Kindergartens, hat diese Flechtsterne zwar nicht erfunden, aber da vor allem die Kindergärtnerinnen, nach seiner Pädagogik ausgebildet, die Kunst erhalten haben, diese Sterne nachzuarbeiten und bis auf den heutigen Tag weitergeben, werden sie nach ihm benannt. Es ist gar nicht so schwer, wie es auf den ersten Blick scheinen mag. Nach dem dritten Stern schafft man sechs bis acht in einer Stunde.

Wie der Stern gefaltet und die einzelnen Streifen immer wieder durchgezogen werden, demonstrieren besser als Worte die Zeichnungen.

Man braucht dazu weißes Schreibmaschinenpapier oder Ramieband und Nähgarn. Zuerst werden Streifen abgemessen und zugeschnitten, je vier für einen Stern. Entweder 1 cm breit und 30 cm lang – oder 2 cm breit und 60 cm lang. Dann kann das Durchziehen beginnen. Ist der Stern fertig, wird ein dünner Faden durch eine Sternzacke gezogen und als Aufhänger verknotet.

Viele, viele Sterne als einzigen Schmuck im Weihnachtsbaum, dazu weiße Kerzen – das sieht hinreißend aus. Kinder allerdings lieben bunte Bäume, möglichst mit Eßbarem darin; es ist also mehr ein stilvoller »Erwachsenenbaum«. Auch rote oder blaue Sterne sind hübsch. Die »klassischen« aber sind weiß.

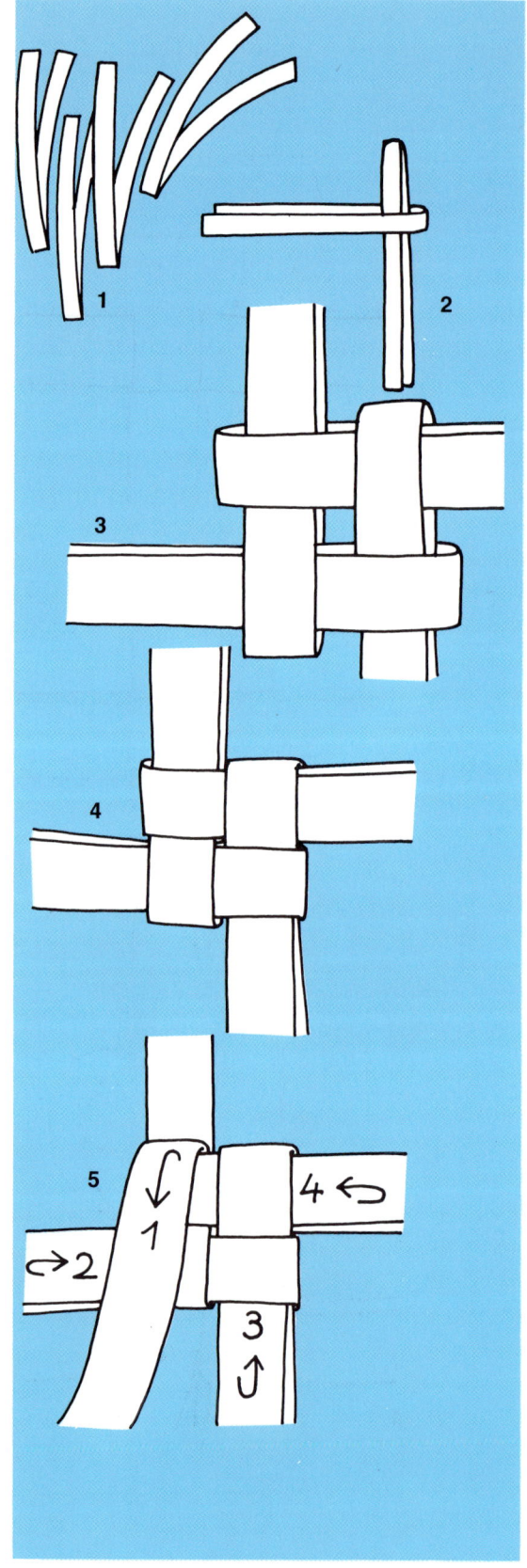

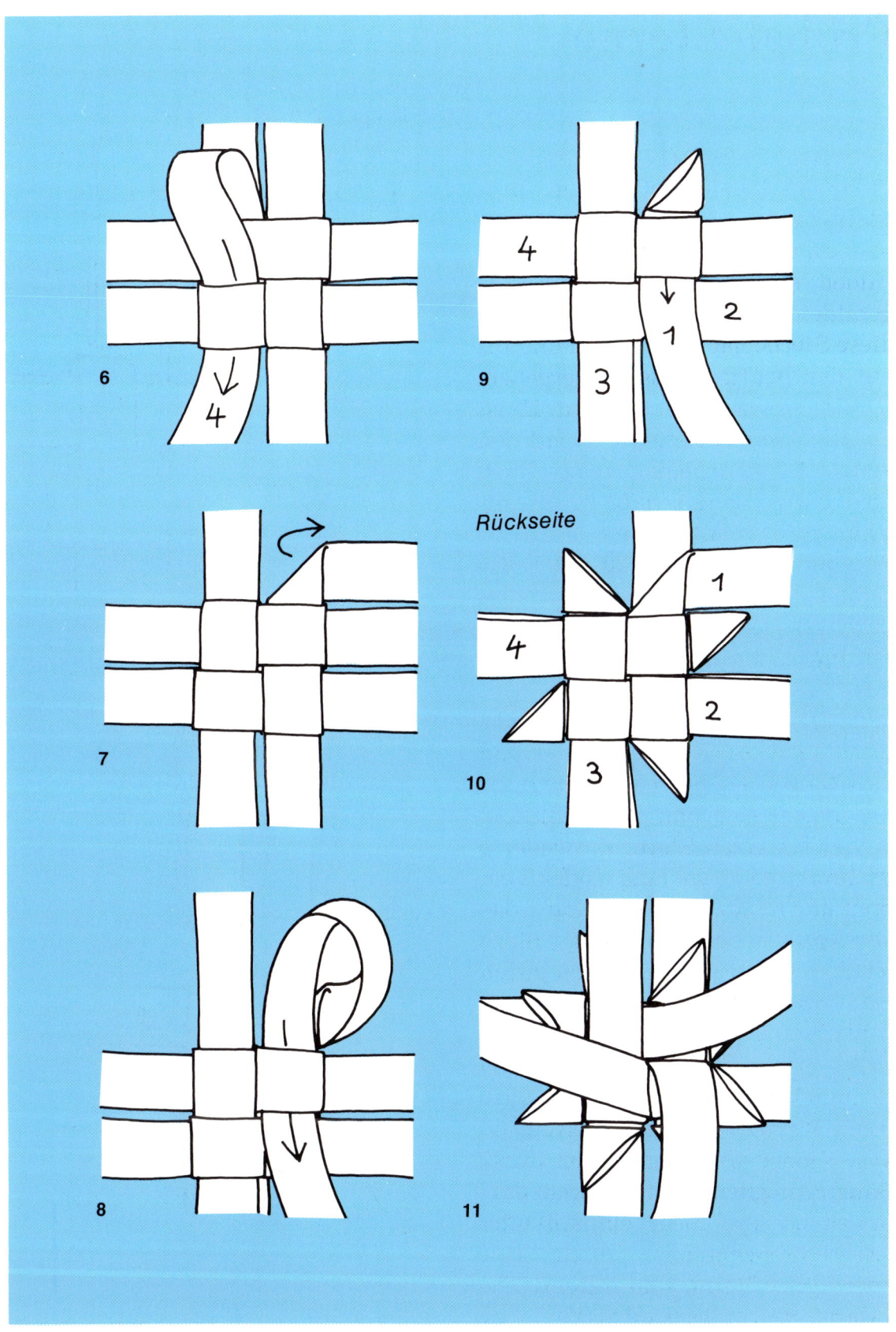

Rückseite

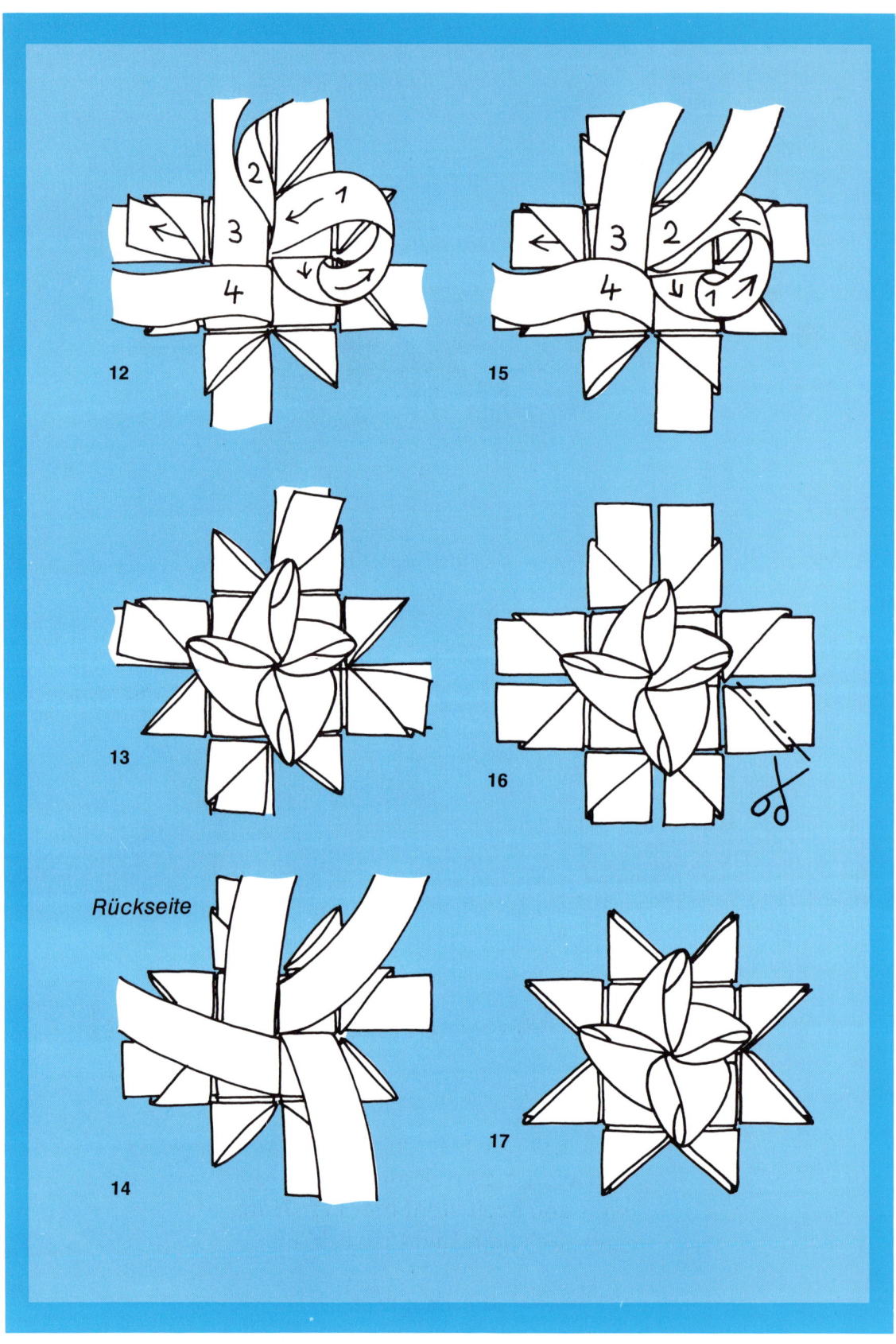

12

15

13

16

*Rückseite*

14

17

# Auf dem Weg zum Christkind

Nun steh' ich hier, so ganz allein,
im tiefen, tiefen Schnee,
weit und breit steht hier kein Haus
und auch kein Licht ich seh'–,

O Himmel, schick mir einen Stern –,
recht golden und ganz hell –,
damit ich Gotteskindlein find' –,
– ich bitte dich – mach's schnell!

# Weihnachtslied

Der heilige Christ ist kommen,
Der süße Gottessohn,
Des freun sich alle Frommen
Am höchsten Himmelsthron.
Auch was auf Erden ist,
Muß preisen hoch und loben
Mit allen Engeln droben
Den lieben heil'gen Christ

Drum freuet euch und preiset,
Ihr Kindlein fern und nah!
Der euch den Vater weiset,
Der heil'ge Christ ist da.
Er ruft so freundlich drein
Mit süßen Liebesworten:
Geöffnet sind die Pforten,
Ihr Kinder, kommt herein!

(Ernst Moritz Arndt, 1.+4. Vers)

# Der Unglücksrabe

Es war einmal ein kleiner Junge, der konnte es niemandem recht machen. Egal, was er auch anfing –
zuletzt war es doch immer ein Mißerfolg, oder ein Ärger für alle Beteiligten. Dabei gab er sich doch so große Mühe!

Im Herbst war es, da sollte er die Blumen gießen im Garten. Und weil ihm die Sonnenblume besonders gefiel, da hatte er den Inhalt der Gießkanne ganz allein für die verwendet; schade nur, daß sie ob des vielen Wasser ihres Haltes beraubt glatt umgefallen ist.

Und vorgestern, als es angefangen hat zu schneien, hat er der Frau Bürgermeister angeboten, ihr den Schirm zu halten, während sie am Gemüsestand das Obst aussuchte. – Unglücklicherweise ist er ihr an die Brille gestoßen, so daß dabei ein Glas zerbrach.

»Du Unglücksrabe, du«, schalt sie ihn, »was du auch anfängst, es geht immer daneben!«

Der kleine Junge – Michael heißt er – war darüber natürlich sehr traurig. Und heute vormittag bekam er sogar Schelte vom Herrn Lehrer: Die Wandtafel sollte er abwischen in der Pause. Und er tat es gründlich; vorn und hinten. Ein Unglück nur, daß hinten schon die Hausaufgaben für den nächsten Tag angeschrieben waren. –

Am Nachmittag dann, als er seinen Füllhalter mit einer neuen Patrone laden wollte, hatte er die weiße Tischdecke beschmutzt, und später beim Abendessen versehentlich das Glas Orangensaft der Schwester umgestoßen. Die Mutter hat ihn besorgt angesehen, und der Vater die Stirn gerunzelt. Die Schwester aber lachte und verkündete, was alle schon wußten: »Unser Kleiner ist halt ein Unglücksrabe!«

Der kleine Junge ging daraufhin in sein Bettchen, und obwohl ihm Mutter einen besonders lieben Gutenachtkuß gab, konnte er keinen Schlaf finden. Er drehte sich von einer Seite zur anderen und überlegte, warum wohl gerade ihm immer alles daneben ging. Das heißt – alles eigentlich auch wieder nicht: Schließlich konnte er seit ein paar Tagen Schlittschuhlaufen. Und das will schon etwas heißen, oder?

Als die Turmuhr schlug, grübelte er noch immer. An seinen Fingern zählte er die Schläge der Glocke mit, und als er zweifelte, ob es nun elf oder zwölf Schläge waren, kroch er aus seinem Bettchen, um sich zu vergewissern; die Uhr vom Kirchturm konnte er ja vom Fenster aus sehen, zumal der Mond heute besonders hell über den Dächern des Dorfes leuchtete.

Michael lehnte sich aufs Fensterbrett und überlegte: »Du hast es gut, lieber Mond! Du bist einfach dort oben und kannst nichts falsch machen. Aber ich . . . den Unglücksra-

ben nennen sie mich, und sie lachen mich aus. Und du lachst auch über mich. Ja, ich sehe es, weil du dein Gesicht so verziehst! Und jetzt, wo doch bald Weihnachten ist, da wird mich das Christkind auch noch auslachen . . .« Dann, gerade als er sich vom Fenster abwenden wollte, da bemerkte er einen Lichtschein – einen, der dort bestimmt nicht hingehörte.

»Es brennt«, rief er, »das Schulhaus brennt!« – »Aber Kind«, versuchte die Mutter ihn zu beruhigen, »du hast nur schlecht geträumt.« – »Nein – es brennt wirklich!« beharrte Michael ganz außer Atem und zeigte aus dem Fenster.

Zwei Tage später klingelte es an der Tür. Der Herr Bürgermeister war es, und seine Frau war auch mitgekommen.

»Du braver kleiner Junge, du«, sagte sie und strich ihm übers Haar. Und dann flüsterte sie ihm ins Ohr: »Das mit meiner Brille – das habe ich dir natürlich längst verziehen. Ich werde dich auch nie mehr einen Unglücksraben heißen. Denn allein dir verdanken wir es, daß unser schönes, altes Schulhaus nicht gänzlich abgebrannt ist.«

Michael stand wie angewurzelt mit roten Ohren und er freute sich über die stolzen Blicke seiner Eltern. Nur – seine Schwester stieß ihn von hinten unsanft in die Rippen: »Und du bist doch ein Unglücksrabe«, zischte sie. »Hättest du es brennen lassen, hätten wir jetzt schon Weihnachtsferien!«

# Geschmückte Weihnachtskugel

Je nach Größe der Weihnachtskugel, einen Stern nach eigenem Muster aufzeichnen. Der Durchmesser des mittleren Kreises sollte etwas größer als die Kugel sein. Den Stern zweimal ausschneiden und zusammenkleben. Zuvor die Aufhängeöse der Weihnachtskugel dazwischenschieben.

**Wir benötigen:**
**1 bunte Weihnachtskugel**
**Fotokarton oder Bastelpapier im gleichen Farbton**
**UHU Alleskleber**

**Sternenschablone für einen achtzackigen Stern**
Durch die Mitte eines beliebig großen Kreises ziehen wir eine waagerechte und senkrechte Linie. Die so entstandenen Viertelkreise nochmals halbieren. Dadurch erhalten wir die Achtteilung des Kreises.
Einen Stern mit spitzen Zacken bekommen wir, wenn die Linien in der angegebenen Reihenfolge gezogen werden.
1, 4, 7, 2, 5, 8, 3, 6, 1.

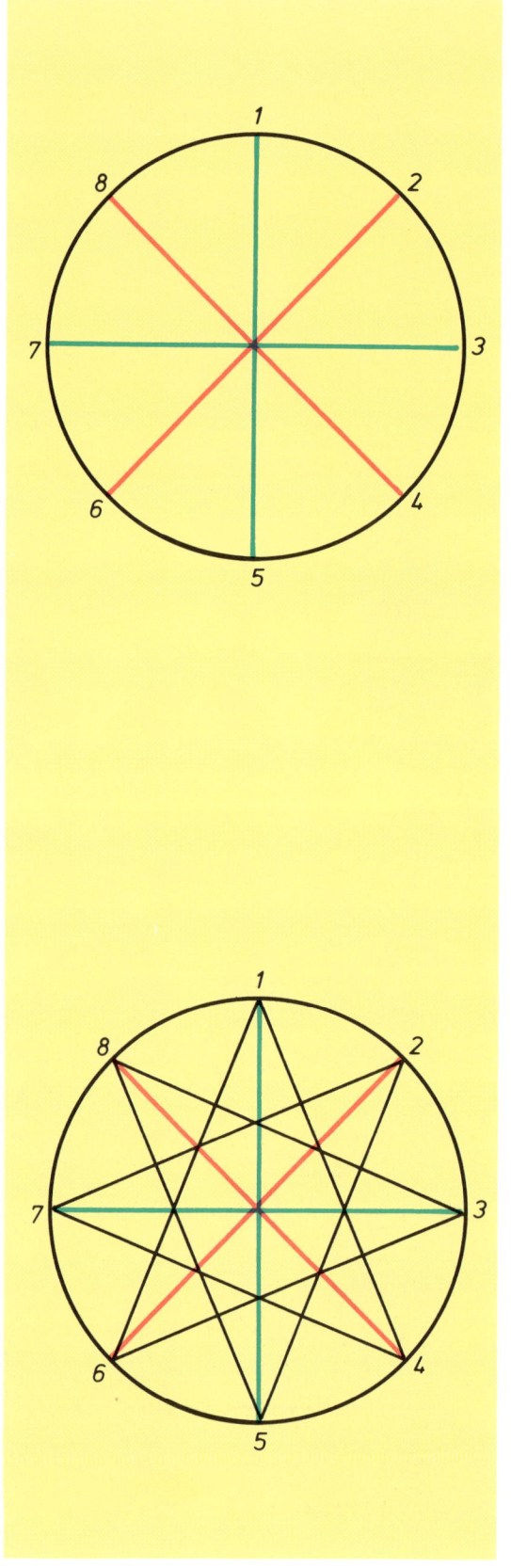

# In der Heiligen Nacht

Viel tausend Lichtlein glühen
in dieser Hei'gen Nacht.
Viel tausend Kinderherzen,
die freu'n sich ob der Pracht.

Doch drinnen, in der Krippe,
so arm, so nackt und bloß,
da liegt das Jesukindlein
in seiner Mutter Schoß.

So arm ist dieses Kindlein –
doch hat's in jener Nacht,
uns armen Menschenkindern
das Heil der Welt gebracht.

# Schneeflöckchen

Schnee – flöck – chen, Weiß – Röck–chen, jetzt kommst du ge –
schneit, du wohnst in der Wol – ke, dein Weg ist so weit.

2. Komm setz dich ans Fenster, du lieblicher Stern, malst
   Blumen und Blätter, wir haben dich gern.

3. Schneeflöckchen, du deckst uns die Blümelein zu, dann
   schlafen sie sicher in himmlischer Ruh.

4. Schneeflöckchen, Weißröckchen, komm zu uns ins Tal,
   dann bau'n wir den Schneemann und werfen den Ball.

5. Schneeflöckchen, Weißröckchen, du Wintervögelein, willkommen, willkommen, bei groß und klein.

# Skilager

Ein Tag noch, dann ist Heiligabend. Die kleine Dampflokomotive kämpft sich schnaubend und tapfer über die gewundenen Gleise hinauf bis zu dem Bergdorf, der Endstation. Heute zieht sie zwei Waggons, was ungewöhnlich ist; normalerweise reicht für die paar Leute ein einziger.

Darüber wundert sich auch der Bahnhofsvorsteher, und er setzt schnell seine Mütze auf; wer weiß, was das bedeuten mag.

Als die Lokomotive endlich zum Stehen kommt und ächzend den überschüssigen Dampf abläßt, da werden die Türen der Wagen aufgestoßen und heraus stürmen wohl ein gutes Dutzend Jungen. – Skier werden durch die Fenster auf den Bahnsteig gereicht und Rucksäcke.

»Seht mal den herrlichen Schnee!« ruft einer, und schon beginnt eine Schneeballschlacht mitten auf dem Bahnhof.

Als der Lehrer, der die Kinder begleitet, sich endlich wieder Gehör verschaffen kann, fragt er den Mann mit der roten Mütze: »Wie kommen wir denn zur Sentner-Alm?«

»Ach«, lacht der Mann, »ihr seid das. Ihr kommt zum Skilager, stimmts?« »Ja ja«, nickt der Lehrer, der schon ein bißchen unruhig ist, »zeigen Sie mir nun den Weg?«

»Also, das ist ganz einfach«, hebt der Beamte die Schultern, »ihr nehmt den Weg mit den blau-roten Markierungsstangen, und dann kommt ihr geradewegs zur Hütte. Aber beeilt euch, daß ihr noch dort seid, bevor es Nacht wird!«

»Aber es ist doch noch hell . . .«, wundert sich der Lehrer. – »Richtig«, nickt der Mann, »aber in einer Stunde ist es stockdunkel, und der Weg ist sehr gefährlich.«

»Was, so lange dauert der Aufstieg?« staunt der Lehrer. – »Aber sicher«, hebt der Beamte die Hände. »Schauen Sie doch mal wieviel Schnee wir hier oben haben!«

»Ja, das stimmt allerdings«, gibt der Lehrer zu und setzt sein Trillerpfeifchen an die Lippen. »Kinder, Schluß jetzt! Nehmt euere Sachen, wir haben noch einen langen Weg vor uns.«

»Na dann, viel Spaß!« lacht der Mann vom Bahnhof und tippt an seine Mütze. Insgeheim denkt er: »Mit dem möchte ich aber auch nicht tauschen. – Frohe Weihnachten . . .!«

Als sie allesamt endlich auf der Almhütte angelangt sind und ihre Skier ordentlich der Reihe nach draußen aufgesteckt haben, ist die Sonne fast untergegangen. – Der Wirt begrüßt sie herzlich und hält auch gleich einen großen Topf mit heißem Kakao bereit. – Später schnippelt man noch ein bißchen an Brot und Schinken, und dann wird es stiller und stiller. Die Kinder sind müde und – der Lehrer ist es auch.

Aber am nächsten Morgen – da ist die Hölle los! Gleich nach dem Frühstück stürmen die Kinder ins

Freie und bringen ihre Skier klar. Kaum, daß es dem Lehrer gelingt, ein bißchen Ordnung in die Gruppe zu bringen. Endlich kommt er zu Wort und ordnet an: »Also, wir nehmen diese Abfahrt zum Dorf hinunter, weil sie nicht so gefährlich ist, hat unser Wirt gesagt. »Damit zeigt er auf einen Hang der ganz gemächlich nach unten ins Tal führt.

»Ich fahre vorneweg, und ihr müßt nur meiner Spur folgen, dann kann euch nichts passieren, verstanden?« »Jawohl, Herr Lehrer!« ruft Thomas und lacht übermütig. Dann stößt er Heinz mit dem Ellbogen in die Rippen und flüstert: »Diesmal schaffe ich dich. Ich bin als erster unten, wetten?«

»Aber wieso?« wundert sich Heinz. – »Na, das ist die Revanche! Letztes Jahr warst du immer Erster, und alle haben mich ausgelacht.« – »Ach, das habe ich doch längst vergessen«, hebt Heinz die Schultern und schnallt seine Skier an. »Aber, wenn du meinst . . .«

Und dann geht's los. »Also, Kinder, immer schön hinter mir bleiben«, ermahnt der Lehrer, »drunten im Dorf treffen wir uns wieder.« Thomas und Heinz stehen nebeneinander, und Thomas gibt das Kommando. »Auf die Plätze. Fertig Los!« Der Lehrer ist längst vorausgefahren, aber es dauert gar nicht lange, da wird er von den beiden Jungen überholt. – »He!« ruft er. »Ihr solltet doch hinter mir bleiben!« Aber die beiden kümmern sich nicht darum. – Noch ist der Thomas vorn,

aber Heinz sieht seine Chance ein Stückchen weit unten, einem Steilhügel.

Und richtig, der Thomas bremst ab – Heinz aber setzt gekonnt über die Kante, schwebt ein paar Meter und landet gekonnt wie ein Schanzenspringer; von da an sind es nur noch ein, zwei Minuten bis zum Dorf. »Erster!« freut er sich und hat die Skier schon abgeschnallt, ehe Thomas ankommt. Dann hat es auch der Lehrer geschafft und mit ihm die anderen Jungen.

Jetzt gibt es erst einmal Schelte für Thomas und Heinz. Aber dann werden sich alle einig, daß sie – ehe sie wieder zur Berghütte aufsteigen – den Weihnachtsmarkt besuchen wollen.

»Schade, daß ich kaum mehr Geld habe«, murmelt Heinz, als sie vor einer Bude mit Spielsachen stehenbleiben. »Der kleine Teddybär dort – so einen wünscht sich mein kleines Schwesterchen schon lange.«

Thomas, der dicht hinter ihm steht, flüstert: »Du, ich gebe dir das Geld, aber dafür mußt du mich morgen gewinnen lassen beim Abfahrtslauf!«

»Wirklich?« strahlt Heinz mit großen Augen. Doch dann schüttelt er den Kopf und meint: »Das ist unsportlich. Da mache ich nicht mit.« – »Pff, wie du meinst«, tut Thomas beleidigt und wendet sich ab.

Gleich darauf werden sie von einem Mann mit ausgebreiteten Armen aufgehalten. – Er hat einen Zylinderhut auf den Kopf und trägt einen

alten abgewetzten Frack. – »Kinder, ihr habt Glück. Gleich beginnt meine Zirkusvorstellung. Tretet ein. Sonderpreis – nur 1 Mark!« »Wo ist denn da ein Zirkus?« fragen die Kinder sich und schauen sich um. – »Aber hier, seht doch!« ruft der Mann und zeigt auf eine Bude, die kaum größer als eine Telefonzelle ist.

»Ein Flohzirkus!« lacht Thomas verächtlich. »So etwas gibt es doch überall.« – Doch der Direktor gibt sich nicht geschlagen. Schlau sagt er: »Mag schon sein, du kleiner Naseweis. Aber meine Flöhe, die tragen lange Unterhosen und haben einen Schal um den Hals, weil Winter ist. Was sagst du nun, he?«

»Flöhe mit langen Unterhosen?« runzelt Thomas die Stirn.

»Das muß ich sehen«, und ein paar andere schließen sich seiner Neugier an. »Komm mit, Heinz! Ich bezahle dir auch den Eintritt.« – Heinz schüttelt den Kopf. »Ach wo, ich sehe mich hier draußen ein bißchen um.«

Später will er wissen: »Und – wie war es denn?«

»Alles Schwindel«, mault Thomas. »Die langen Unterhosen und der Schal, das waren winzig kleine Farbtupfer.«

Am Ende der Straße steht eine Bude, wo man, sofern man geschickt ist, mit Stoffbällen Dosen umschießen kann.

Als Heinz unter den vielen Preisen einen Teddybären entdeckt, da bittet er den Lehrer: »Haben wir noch ein bißchen Zeit? Ich will versuchen, das Bärchen zu gewinnen.«

»Aber sicher doch«, nickt der mit einem Blick auf die Uhr.

Der Budenbesitzer wittert gleich ein großes Geschäft als er die vielen Kinder sieht, und eilt nach draußen.

»Also«, verkündet er, »wenn ihr alle werfen wollt, dann mache ich den halben Preis – 5 Würfe für nur eine Mark!«

»Einverstanden«, nickt der Lehrer, und er macht auch gleich den Anfang.

»Oje«, lachen die Kinder, »bloß zwei?« Der Lehrer hört es und legt noch einmal 1 Mark auf den Tresen. »Bravo – jetzt sind es schon drei!« klatschen sie Beifall. Und so geht es nacheinander weiter. Jeder von den Buben bekommt einen Preis, und sei es auch nur eine Stoffblume.

Endlich ist Heinz an der Reihe, und er freut sich, daß das Bärchen noch keiner vor ihm gewonnen hat. Aber, noch während er die Mark aus seinem Brustbeutel nestelt, schiebt sich Thomas vor ihn. »Den kleinen Bären möchte ich«, sagt er forsch. – »Dafür mußt du aber mit jedem Wurf einen Treffer landen«, gibt der Mann zu bedenken und legt ihm die fünf Bälle hin.

Thomas schiebt die Kameraden zur Seite und holt aus. – »Getroffen!« jubelt er und nimmt den nächsten Ball.

»Zwei!« zählen die Jungen. »Drei! Vier «!« Beim fünften Wurf streift er die Dose nur, aber sie bleibt stehen. Jetzt ist Heinz an der Reihe. – Sein Gesicht ist ganz rot vor Aufregung, schon deswegen, weil er glaubte, daß Thomas ihm das Bärchen wegschnappen könnte.

Sein erster Wurf trifft – die Dose fällt nach unten – und auch der zweite und der dritte. Beim vierten aber, da kippt die Dose zwar um, aber sie bleibt auf der Pyramide liegen.

Heinz schlägt enttäuscht die Hände

vors Gesicht und dreht sich um; niemand soll sehen, wie ihm die Tränen über die Wangen kollern.

»Aber was ist denn, Junge?« fragt der Mann. »Du hast doch noch einen Wurf!« – »Was nützt mir denn das?« schluchzt Heinz. »Ich brauche doch fünf Treffer . . .!« – »Na ja«, überlegt der Budenbesitzer, »wenn du es schaffst, beim letzten Wurf beide Dosen abzuschießen, dann hast du gewonnen. Abgemacht?«

»Wirklich?« strahlt Heinz und trocknet sich schnell die Tränen mit den Ärmeln. Dann nimmt er den fünften und letzten Ball.

»Bravo, du hast es geschafft!« jubeln sie alle gleich darauf. – Heinz bekommt das Bärchen, und er drückt es überglücklich an sich.«

»Jetzt ist es aber allerhöchste Zeit!« mahnt der Lehrer erschrocken, als er auf die Uhr schaut. »Wir brauchen noch gut eine Stunde bis zur Hütte, und es wird gleich dunkel.« Die Kinder fügen sich nur widerwillig. Aber dann marschieren sie doch brav hintereinander zum Dorf hinaus bis dahin, wo der Aufstieg beginnt.

»Also Jungens – ich gehe voran, und ihr bleibt schön hinter mir«, mahnt der Lehrer. »Den Schluß bilden unsere Ältesten – der Thomas und der Heinz.«

Die Kinder nehmen ihre Skier auf, die sie hier zurückgelassen haben, und stapfen los.

Als sie an einem der letzten Häuser vorbeikommen und Heinz das Schild »Post« entziffert, da fällt es ihm wieder ein: »Herr Lehrer!« ruft er. »Ich muß noch schnell eine Karte aufgeben, damit meine Eltern wissen, daß es nun gut geht!«

»Also dann –«, nickt der Lehrer, »aber beeile dich. Und immer schön zwischen den blau-roten Stangen gehen, ja?«

»Aber sicher!« verspricht Heinz, stellt seine Skier ab und rennt in die Post.

Nur, da ist er nicht der einzige. Eine Menge Leute stehen am Schalter, um noch schnell ein Päckchen oder einen Brief aufzugeben für Weihnachten. Als er endlich eine Postkarte bekommen hat, da muß er schon wieder warten: Alle Tischchen sind besetzt, und er hat nichts zum Schreiben.

Aber jetzt ist die Karte im Postkasten, und er stürmt ins Freie. – Sorgfältig verwahrt er das Bärchen unter seinem Anorak, nimmt die Skier über die Schulter und folgt dem Weg, dem, der mit den blau-roten Stangen gekennzeichnet ist.

Inzwischen sind dunkle Wolken aufgezogen und es hat wieder angefangen zu schneien. – Heinz aber folgt tapfer dem Weg bergan und malt sich aus, wie sein Schwesterchen sich freuen wird, wenn es die Postkarte bekommt. – Hat er doch ganz verborgen angedeutet, daß er ein Geschenk mitbringen wird, eins, das es sich schon immer gewünscht hat. Als die Jungen bei der Hütte oben ankommen hat der Wirt schon einen mächtigen Christbaum geschmückt und wartet nur darauf, die Kerzen anzünden zu dürfen.

# Holzperlen-Gehänge

Farbenfrohe Sterne und Herzen aus bunten Holzperlen sind ein heiterer Zierrat von rustikalem Charme. Hübsch sind sie in Tannengrün, das vielleicht auf der Diele seinen Platz findet. Besonders reizend wirken sie an einem kahlen, weißgestrichenen Zweig, der, in einem Blumenigel steckend, mit einer dicken Kerze ein weihnachtliches Arrangement bildet. Auch als Mitbringsel sehr geeignet, da nicht so empfindlich.

Wichtig ist die Farbzusammenstellung der Gehänge. Darum vor dem Zusammenbau auf einem weißen Blatt Papier so lange immer neue Kombinationen probieren, bis eine optimale Wirkung erreicht ist.

Kinderleicht ist das Aufziehen der Perlen auf dünnen Draht. Das Geheimnis ist jeweils, daß der Draht mehrmals durch eine Perle geführt wird. Sollte der Draht einmal nicht für die letzten Sternzacken ausreichen, ein Stück Draht ansetzen, wie, zeigt die Zeichnung.

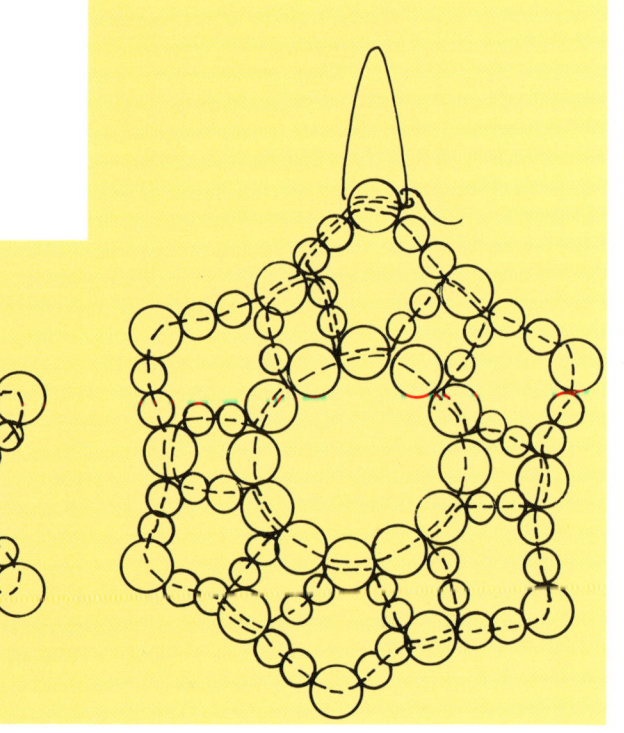

# Das Krippenspiel

Dick liegt der Schnee auf den Dächern und Eiszapfen hängen von den Firsten; es ist Weihnachtszeit. Gleich nach der Schule holen die Kinder ihre Schlitten aus den Schuppen, um die Zeit bis zum Sonnenuntergang zu nutzen. – Und dann geht es los: Sie stapfen hinauf auf den Dorfhügel, und oben angekommen will schon jeder wissen, wer als erster unten ankommen wird. Pauli nimmt den Hans zur Seite. »Wir fahren miteinander los, und wer verliert, muß dem anderen den Schlitten hochtragen, abgemacht?«

»Einverstanden!«, lacht Hans, und dann fahren sie los. Noch sind sie nebeneinander, doch dann – dicht vor dem kleinen Buckel –, da weicht Hans aus. Pauli aber wagt den Sprung und – bums! sein Schlitten bricht bei der Landung auseinander. Dennoch, er ist als erster im Ziel, die Trümmer an der Hand.

»Gilt das?« wundert sich Hans. – »Aber klar, ich bin erster!«

Als sie beide oben ankommen, wundert sich Pauli: »Jetzt hast du meinen Schlitten hochgeschleppt. Aber er ist doch kaputt . . .!«

»Ach was bin ich dumm!« lacht Hans. »Weißt du was? Jetzt fahren wir zusammen auf meinem nach unten und schauen bei den Proben zum Krippenspiel zu!«

Leise nähern sich Hans und Pauli dem Stall, wo der Bauer das Stalltor ausgehängt hat, weil hier übermorgen das Krippenspiel aufgeführt werden soll.

Der Schnee knirscht unter ihren Schuhen, und Pauli hat gleich eine Idee. – Er flüstert mit den Kindern, die schon vorher da sind, und alle sind einverstanden. Sie rennen nach Hause und bitten die Eltern um eine kleine Gabe zur Krippenspielprobe. »Guck mal – unser Lehrer . . .« lacht Pauli, als sie gleich darauf mit den anderen wieder vor dem Stall zusammentreffen. »Einen Bart hat er sich umgebunden.« – »Aber er spielt doch den Josef und seine Frau die Maria!« erwidert Hans. – »Richtig!« nickt Pauli. »Und wir sind die ›Drei Könige‹.« – »Wir zwei?« wundert sich Hans. – »Aber freilich. Wir sind sogar zehn, wenn ich abzähle!«

Als die Kinder mit ihren Geschenken in den Stall drängen, da bekommt der Lehrer ganz große Augen. »So geht's aber auch nicht, Kinder! Kennt ihr denn die Weihnachtsgeschichte nicht? – Die Heiligen Drei Könige, die kommen doch erst am 6. Januar!«

»Ach, ja?« tut Pauli ganz unschuldig. »Das sind aber noch über zwei Wochen . . .!« Dann schaut er zu den anderen Kindern, kneift verschmitzt ein Auge zu, und alle nehmen ihre Körbe wieder auf, gerade als der Lehrer sie einsammeln will.

»Zwei Wochen – «, schüttelt Pauli den Kopf, »bis dahin sind unsere Geschenke verdorben. Es sei denn, wir essen sie gleich selber . . .«

# Das Christkind kommt

Die Sternennacht ist klar und hell,
drum eilt ihr Englein, eilet schnell,
bald kommt das Jesukind zur Welt,
das unsre dunkle Welt erhellt!

Dort steht ein Ställchen – kalt und leer,
das richtet warm fürs Christkind her!
Fegt es fein aus und macht daraus
fürs Gotteskindlein ein »Zuhaus«.

Bringt Schaufel, Besen, Stroh heran –
die Arbeit gehe flugs voran –
und füllt mit Heu das Krippchen nun,
damit das Kindlein drin kann ruh'n.

Eh' nun das heilige Kind schläft ein,
schenkt es euch erst ein Sternlein fein,
das gibt's als Dank für euer Tun –
nun kann das Kindlein friedlich ruh'n!

# Das Christkind

Es ist der Tag vor Heiligabend. – In den Stuben hängt der Duft von Gebäck und Tannengrün. Zum einen, weil Mutter festgestellt hat, daß die Plätzchen nicht reichen werden, zum anderen, weil Papa schon mal den Christbaum vom Balkon geholt hat, um ihn zurechtzustutzen.

Ja, so oder ähnlich wird es wohl überall sein, landauf und landab. Und über allem liegt eine dicke Schicht Schnee auf den Dächern der Dörfer, und selbst auf den Wegen kommt man jetzt besser mit Skiern und Pferdeschlitten voran. Kurzum, es ist Winter und Weihnachten steht vor der Tür.

Dennoch – da gibt es eine Geschichte, die mir zu Ohren gekommen ist, eine, die ich euch unbedingt erzählen muß. Also, angefangen hat sie an eben jenem Tag, dem vor dem Heiligen Abend.

Zwei kleine Mädchen, Anni und Margit hießen sie, sind auf dem Heimweg vom Kindergarten. – Der Schnee knirscht bei jedem Schritt unter ihren Schuhen, und sie haben sich fest untergehakt. Margit trägt das Körbchen mit den Spielsachen und tröstet Anni: »Komm, du mußt keine Angst haben. Gleich sind wir daheim.« – »Ich hab' ja gar keine Angst«, lacht Anni, »es ist ja noch nicht mal richtig dunkel.«

Als sie über den Marktplatz kommen, hält Anni die Schwester am Ärmel fest und flüstert: »Schau mal, so ein schöner Weihnachtsbaum! Schade, daß die Kerzen erst morgen angezündet werden . . .«

Margit setzt den Korb ab und seufzt«: »Ja, schade. Und das Weihnachtslied, das wir heute gelernt haben – kannst du es noch?« – »Das Lied schon, aber den Text habe ich vergessen«, gesteht Anni.

Margit holt das Liederbuch aus dem Korb, doch das hilft auch nicht weiter. Und wie sie so ratlos in dem Buch blättern, kommt plötzlich ein Mädchen im blauen Mantel auf sie zu. Es nimmt das Buch, liest den Text, stimmt das Lied an, und dann singen alle drei gemeinsam.

Nach der ersten Strophe bedauert Margit: »Schade, daß die Kerzen am Baum nicht brennen.« – Doch welch Wunder – das Mädchen im blauen Mantel hebt die Arme, und alle Lichtlein flammen auf. Gleich darauf ist es wie durch einen Spuk verschwunden.

Ja, und seitdem wissen alle, daß das Christkind leibhaftig zugegen war. –

# Vöglein in Not

Ach, ich armes Vögelein –,
wie tut mir der Winter weh,
wie bin ich erstarrt und friere
hier, bei Eis und Schnee.

Du, liebes Kind, hast mich gefunden,
hältst mich nun warm in deiner Hand,
hast erst zu essen mir gegeben,
siehst mich nun an, so unverwandt.

Liebes Vögelchen, komm täglich
mehrmals doch zu meinen Haus,
und dann leg' ich immer pünktlich
für euch Tierlein Futter aus.

Ist die Winterszeit vergangen,
kommt das schöne Frühjahr an,
dann habt ihr die Not vergessen,
und stimmt froh ein Liedchen an.

# Die Heil'gen Drei König mit ihrigem Stern

Melodie und Text: aus Oberbayern

1. Die Heil' - gen Drei König mit ih - ri - gem Stern, die kom - men ge - gan - gen, ihr Frau - en und Herrn. Der Stern gab ih - nen den Schein; ein neu - es Reich geht uns her - ein.

2. Die Heil'gen Drei König mit ihrigem Stern,
   sie bringen dem Kindlein das Opfer so gern.
   Sie reisen in schneller Eil,
   in dreizehn Tag vierhundert Meil.

3. Die Heil'gen Drei König mit ihrigem Stern,
   knien nieder und ehren das Kindlein, den Herrn.
   Ein selige, fröhliche Zeit
   verleih uns Gott im Himmelreich!

117

# Es ist ein Ros' entsprungen

15. Jahrhundert

Es ist ein Ros ent – sprun – gen aus
ei – ner Wur – zel zart. Wie uns die Al – ten
sun – gen, aus Jes – se kam die Art und
hat ein Blüm – lein bracht, mit – ten im kal – ten
Win – ter, wohl zu der hal – ben Nacht.

2. Das Röslein, das ich meine,
davon Isaias sagt:
Maria ist's, die Reine,
die uns das Blümlein bracht.
Aus Gottes ew'gem Rat
hat sie ein Kind geboren
und blieb doch reine Magd.

3. Das Blümelein so kleine,
das duftet uns so süß,
mit seinem hellen Scheine
vertreibt's die Finsternis.
Wahr' Mensch und wahrer Gott,
hilft uns aus allem Leide,
rettet von Sünd und Tod.

# Gebet an den heiligen Christ

*Gottlob Siegert 1789–1868*
*Ernst Moritz Arndt 1769–1860*

1. Du Lie – ber heil'ger, frommer Christ, der für uns Kinder kom – men ist, da-

1. mit wir sol – len weiß und rein und rech – te Kin – der Got – tes sein!

2. Du Licht, vom lieben Gott gesandt
in unser dunkles Erdenland,
du Himmelskind und Himmelsschein,
damit wir sollen himmlisch sein.

3. Du lieber heil'ger, frommer Christ!
weil heute dein Geburtstag ist,
drum ist auf Erden weit und breit
bei allen Kindern frohe Zeit.

4. O segne mich! Ich bin noch klein,
o mache mir das Herze rein!
o bade mir die Seele hell
in deinem reichen Himmelsquell.

# Weihnachtsgebäck

Ach, es ist schon ein Jammer – je näher Weihnachten kommt, desto weniger werden die Plätzchen, die Mama gebacken hat. Dabei läßt sie sich jedes Jahr ein anderes Versteck einfallen! Doch, welch Wunder – von Tag zu Tag werden es weniger, und keines der Kinder will es gewesen sein ... Dabei ist es doch so einfach, selber welche zu backen! Ihr glaubt es nicht? Dann paßt mal auf:

Für den Teig braucht ihr
**350 g Mehl**
**200 g Zucker**
**1 Pck. Vanillinzucker**
**1 Ei + 180 g Butter.**

Wenn ihr das alles schön durchgeknetet habt, dann legt ihr den Teig über Nacht in den Kühlschrank. Tags darauf rollt ihr ihn aus, stecht Plätzchen aus, schiebt sie auf einem gefetteten Blech in den Herd und bittet Mama, die Hitze auf 175 Grad einzustellen. Dann schaut ihr auf die Uhr, und – nach einer Viertelstunde sind die Plätzchen fertig.
Ja, und da fällt mir noch ein Rezept ein. »Haselnuß-Bussis« heißt es. Dafür braucht man
**250 g Mehl**
**100 g Zucker**
**1 Pck. Vanillinzucker**
**1 Ei + 120 g Butter.**

Wenn ihr den Teig geknetet habt, legt ihr ihn wieder über Nacht in den Kühlschrank. Am Tag darauf rollt ihr ihn aus, schneidet mit dem Messer kleine Quadrate, legt obenauf eine Haselnuß und schiebt das Ganze auf einem gefetteten Backblech in den Ofen. Eine Viertelstunde backen bei etwa 175 Grad – fertig!
Sehr ihr, so einfach ist das.
Und wenn an Weihnachten der Onkel und die Tante kommen, dann könnt ihr voller Stolz behaupten: »Diese Plätzchen habe i c h gebakken!«

# St. Martinstag.

Jedes Jahr, zum Martinstag,
ziehen wir durch uns're Stadt.
St. Martin auf weißem Roß sodann,
führt uns're Kinderschar hier an.

Wir tragen Laternen und Lichter heut',
dem Heiligen Mann zu Ehren und Freud',
der uns so vieles lehren kann,
wie man hilfreich und gut sei, zu jedermann.

St. Martin hatte viel Erbarmen,
mit den Hungernden und Armen,
er sah stets der Menschen Not,
teilt mit ihnen sein letztes Brot.

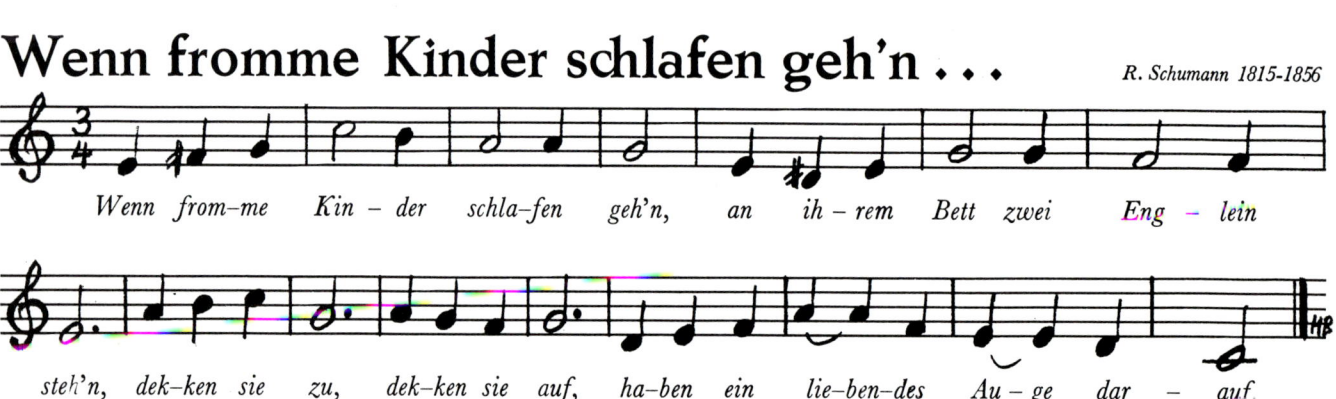

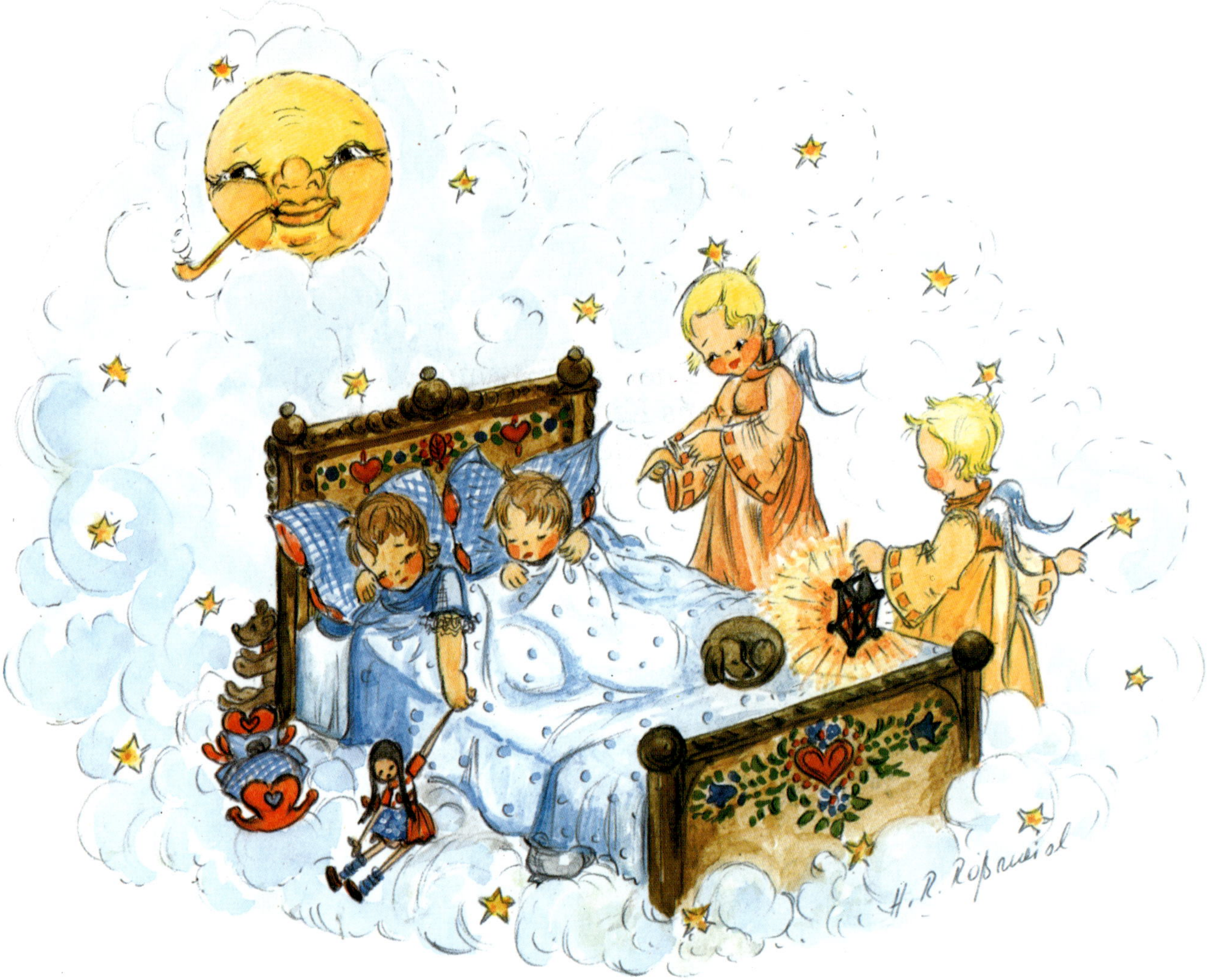
H. R. Roßmeisl

# Wenn fromme Kinder schlafen geh'n . . .

*R. Schumann 1815-1856*

Wenn from-me Kin – der schla-fen geh'n, an ih – rem Bett zwei Eng – lein
steh'n, dek-ken sie zu, dek-ken sie auf, ha-ben ein lie-ben-des Au – ge dar – auf.

2. *Wenn aber auf die Kindlein steh'n,*
*die beiden Englein schlafen geh'n,*
*reicht nun nicht mehr der Engelein Macht,*
*der liebe Gott hält selbst die Wacht.*

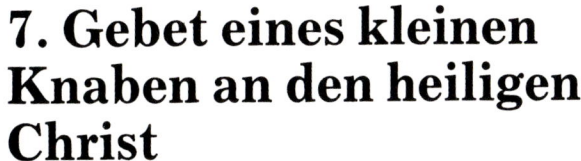

# 7. Gebet eines kleinen Knaben an den heiligen Christ

*Du lieber, heil'ger, frommer Christ,*
*Der für uns Kinder kommen ist,*
*Damit wir sollen weiß und rein*
*Und rechte Kinder Gottes sein;*

*Du Licht, vom lieben Gott gesandt*
*In unser dunkles Erdenland,*
*Du Himmelskind und Himmelsschein,*
*Damit wir sollen himmlisch sein;*

*Du lieber, heil'ger, frommer Christ,*
*Weil heute dein Geburtstag ist,*
*Drum ist auf Erden weit und breit*
*Bei allen Kindern frohe Zeit.*

*O segne mich, ich bin noch klein,*
*O mache mir das Herze rein;*
*O bade mir die Seele hell*
*In deinem reichen Himmelsquell,*

*Daß ich ein Engel Gottes sei,*
*In Demut und in Liebe treu,*
*Daß ich dein bleibe, für und für:*
*Du heil'ger Christ, das schenke mir!*

*(Ernst Moritz Arndt)*

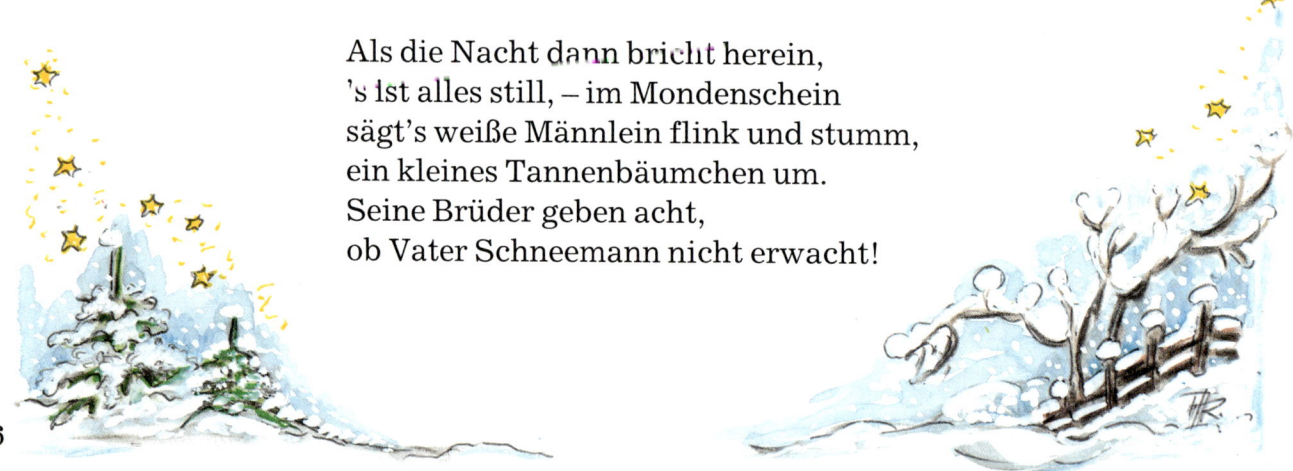

# Schneemännlein zur Weihnachtszeit

Hinterm Hause stehen fünf
Männlein ohne Schuh' und Strümpf' –
Stehen still, bei Nacht, bei Tage,
und sind brav, – ganz ohne Frage.
Sind sehr kalt, aus Eis und Schnee,
Schneemännlein sind es, wie ich seh'. –

Vater Schneemann steht auf Wacht,
daß kein's der Kinder Unfug macht . . .
»Es versteht sich doch, wir bitten –
bei Schneemanns, liebt man gute Sitten!«
erzählt der Schneemann seinem Freund,
dem Fritz, der täglich hier erscheint.

Dem Fritz gefällt der weiße Mann,
täglich sieht er ihn sich an, –
und erzählt ihm von daheim,
von seiner Schwester, die noch klein,
sie schaue nach dem Christkind aus,
doch erst käm' bald der Nikolaus!

Des Schneemanns Kinder hören zu;
jetzt läßt es ihnen keine Ruh',
sie wollen den Kindern etwas schenken,
fangen an, lang nachzudenken, –
vergessen dabei Zeit und Raum, –
am schönsten wär' ein Weihnachtsbaum!«

Als die Nacht dann bricht herein,
's ist alles still, – im Mondenschein
sägt's weiße Männlein flink und stumm,
ein kleines Tannenbäumchen um.
Seine Brüder geben acht,
ob Vater Schneemann nicht erwacht!

126

Dann schauen sie zunächst mal aus, nach des Fritzchens Elternhaus –
um auf leisen, weißen Sohlen, mit dem Bäumchen, ganz verstohlen,
froh und ohne zu verweilen, zu des Fritzchens Heim zu eilen!

Wird das eine Freude sein, wenn im Wintersonnenschein,
morgens dann das Fritzchen sieht, was vor seinem Haus geschieht.
Wenn das Bäumchen aufgestellt, jauchzt der Fritz, – sein ›Waldi‹ bellt!

Vater Schneemann unterdessen ist erwacht aus süßer Ruh',
reibt den Schlaf sich aus den Augen, seine Kinder sehen zu.
Hinter Vaters breitem Rücken, sehen sie verschmitzt sich an;
ob der Vater was gemerkt hat? – und wenn ja, was sagt er dann? –
Und im selben Augenblick schaut der Vater kurz zurück, –
holt ganz tief und lange Atem, – sieht sie an, mit strengem Blick.

Spricht sodann mit ernster Stimme: »Kinder, ich hab' wohl geseh'n,
was in dieser hellen Mondnacht mit dem Tannenbaum gescheh'n!«
»Heimlich, ohne mich zu fragen, habt ihr's Bäumchen weggetragen;
nur das Christkind, ganz allein, darf die Weihnachtsbäumchen holen,
wie's das tut in jedem Jahr –
und es bringt sie ganz persönlich, zu der frohen Kinderschar.

Ein Schneemännlein fängt an und weint:
»Wir haben es nur gut gemeint
– der kleine Fritz, er hat schon heute
eine erste Weihnachtsfreude!«
Der Vater brummt: »Na gut, – schon gut,
– daß ihr es nur nicht wieder tut!«

»Wollt ihr für die Kinder die Bäumlein austragen,
müßt ihr erst das Christkind fragen!«
Dann wird's eine fröhliche Weihnachtszeit
zu eu'rer und der Kinder Freud'.«

# Christnacht im Bergdorf

Hoch oben in den Bergen gibt es ein Dörfchen, in dem zur Weihnachtszeit ein gar seltsamer Brauch herrscht. Wenn im ganzen Land die Christbäume für Heiligabend in den warmen Stuben festlich geschmückt werden – hier ist es ganz anders: Der Lichterbaum steht vor dem Haus! Ja, er muß sogar dort stehen, weil es der Bürgermeister so will; schon seine Vorgänger haben es so in der Gemeindeverordnung festgeschrieben.

»Aber warum denn?« werdet ihr fragen, und das zu recht. Nun, der Dorfvorsteher weiß darauf immer die gleiche Antwort: »Vor vielen, vielen Jahren«, erzähllt er, »hat ein in Brand geratener Weihnachtsbaum ein Feuer entfacht und das ganze Dorf eingeäschert; nur die Kirche sei verschont geblieben.« Ja, so könnte es gewesen sein. – Es ist nicht das erste Mal, daß brennende Kerzen eine Wohnung in Brand gesteckt haben, oder? – Fragt man aber den Dorfältesten, dann erzählt der eine ganz andere Geschichte: »Alles Schwindel!« lacht er und pocht mit seiner knochigen Faust an das Holz seiner Hütte. »Hier ist niemals etwas abgebrannt! Das Holz ist Jahrhunderte alt, und ich bin auch schon hundert. Die Wahrheit ist – die armen Bergbauern haben sich immer geärgert, daß sie in ihren niedrigen Stuben nicht solch prächtige Christbäume aufstellen konnten wie die reichen Talbauern in ihren großen Häusern.«

Nun, wer von den beiden auch recht haben mag – die Kinder hier oben zerbrechen sich deswegen nicht den Kopf. Sie schmücken ihren Weihnachtsbaum wie im Jahr zuvor vor dem Haus.

Als Peter die gläserne Spitze obendrauf stecken will, muß er auf die letzte Sprosse der Leiter steigen.

»Ui, ist der aber gewachsen . . .«, staunt er. »Nächstes Jahr brauchen wir eine längere Leiter!« – »Oder du wächst noch ein bißchen . . .«, lacht sein Schwesterchen. Ach ja, das habe ich ganz vergessen zu erzählen: Die Bäume sind im Garten verwurzelt, und so werden sie natürlich immer größer. –

Und endlich ist es soweit: Die Kinder hören das Glöckchen, das anzeigt, daß das Christkind zur Bescherung da war. Jetzt müssen sie noch bis zwölf zählen, dann stürmen sie aus dem Haus. – Die älteren spielen auf selbstgefertigten Instrumenten ein Weihnachtslied, und die kleine Schwester singt dazu.

Und da liegen sie, die Geschenke! An jedem Päckchen hängt ein Schild mit Namen drauf. Aber, noch ehe es ans Auspacken geht, da gedenkt man erst einmal der Tiere. Auch für sie soll heute Heiligabend sein.

# Nu wolle Gott, daß unser G'sang

*Melodie 1584*

Nu wol – le Gott, daß un – ser G'sang mit

Lust und Freud von Her – zen gang, zu wün – schen euch ein

neu – es Jahr und er's in Gna – den ma – che wahr.

# Die Heiligen Drei Könige

»Hurra, ich darf mitmachen!« stürmt Rudi ins Haus und nimmt sich nicht einmal Zeit, die Tür zuzumachen.

»Mitmachen – wo?« will Papa wissen. – »Na, ich bin ein Heiliger Drei König!« freut sich Rudi und zieht die Mütze vom Kopf.

»Du meinst, du darfst einen der Heiligen Drei Könige darstellen, morgen, beim Krippenfest«, berichtigt Papa. »Und welchen? Kaspar, Melchior oder Balthasar?«

»Weiß ich nicht!« hebt Rudi die Schultern. »Aber, ich bin einer von ihnen.«

Als Mama später die Decke über ihn zieht und ihm mit einem Küßchen eine gute Nacht wünscht, da schläft er noch lange nicht. Er denkt erst einmal nach und versucht sich an das Verschen zu erinnern, das er morgen aufsagen will. Und da fällt es ihm wieder ein.

»Dank euch, Josef und Maria, daß ihr zur Heiligen Nacht, den Gottessohn zur Welt gebracht.«

Rudi wiederholt das Verschen noch ein paar Mal und schaut dabei auf die Sterne vor seinem Fenster. – »Welcher wohl der von Bethlehem sein mag – der, der den Heiligen Drei Königen den Weg zum Stall gezeigt hat?« Und gerade, als er glaubt, einzuschlafen, da öffnet sich wie durch Geisterhand das Fenster. – Ein Lichtstrahl, der ihm fast die Augen blendet, dringt in das Zimmer und ein Engelchen faßt ihn an der Hand.

»Komm mit!« flüstert es. – »Aber wohin denn?« fragt Rudi zaghaft. Doch dann setzt er sich mutig mit dem Engelchen auf den Schweif des Sternes.

Und jetzt geht es aufwärts. »Hui!« schreit Rudi begeistert, »das gefällt mir! Da, schau – ich kann sogar in die Wolken greifen!« – »Dann ist es gut«, zupft das Engelchen ihn an den Haaren, »hier muß ich mich von dir verabschieden. Tschüß!« – Noch ehe Rudi richtig begriffen hat, rutscht er auf dem Schweif des Sterns hinab auf die Erde und landet vor einem Stall, der fast so aussieht, wie der, vor dem sie neulich das Krippenspiel geprobt haben.

Rudi sieht sich ein bißchen um und staunt über die vielen Kinder, die hier versammelt sind. Er versucht, mit ihnen zu reden, aber sie verstehen ihn nicht, schütteln mit dem Kopf. Trotzdem – alle haben Geschenke mitgebracht und drängen in den Stall, in dem das Christkind in der Krippe liegt.

»Hallo, Engelchen!« ruft Rudi verzweifelt. »Wo hast du mich denn hingebracht? Jeder spricht eine andere Sprache . . .!«

»Na, auf die Erde halt«, zupft ihn der Engel am Ohr. »Das Christkind ist uns allen geboren!«

# Schlaf, Kindlein schlaf

Worte: *volkstümlich*
Weise: *J. Fr. Reichardt (1752–181...*

Schlaf, Kind–lein schlaf! Der Va–ter hüt' die Schaf, die Mut – ter schüt – telt's

Bäu – me – lein, da fällt her – ab ein Träu–me – lein. Schlaf, Kind–lein, schlaf.

2. *Schlaf, Kindlein, schlaf!*
*So schenk ich dir ein Schaf*
*mit einem goldnen Glöckchen fein,*
*das soll dein Spielgeselle sein.*
*Schlaf, Kindlein, schlaf.*

3. *Schlaf, Kindlein, schlaf!*
*Am Himmel zieh'n die Schaf':*
*die Sternlein sind die Lämmerlein,*
*der Mond, der ist ihr Schäferlein.*
*Schlaf, Kindlein, schlaf.*

# Wildfütterung

Als die Kinder nach der Pause wieder in den Bänken sitzen und das eine und andere mit spitzen Fingern die Reste eines Schneeballs aus dem Kragen geholt hat, kehrt endlich Ruhe ein.

Der Lehrer geht mit gemächlichen Schritten vor dem Pult hin und her, dann bleibt er stehen und will wissen: »Wie war die Schneeballschlacht? Wer hat gewonnen?«
Sofort kommt wieder Leben in die Klasse. »Wir, wir!« rufen die einen. – »Stimmt ja gar nicht«, behaupten andere, »wir haben gewonnen!«
»Aha, und wer hat das Kellerfenster eingeworfen?« Schlagartig wird es still im Klassenzimmer. »Na ja, ich seh' schon«, lächelt der Lehrer, »keiner war es. Also, schenkt dem Hausmeister etwas Schönes zu Weihnachten, dann wird er nicht weiter fragen, ja?« Damit setzt er sich hinter das Pult und legt die Hände zusammen.
Endlich meint er: »Drei Tage noch, dann sind Ferien. Es lohnt nicht mehr, etwas Neues anzufangen. Also werde ich euch eine Geschichte erzählen.«
Die Kinder sind begeistert, aber der Lehrer verschafft sich mit einer Handbewegung Ruhe. »Zuerst will ich euch eine Frage stellen. Wer hat schon einmal ein Rehkitz gestreichelt?«

Die Kinder sehen einander an und schütteln mit dem Kopf. Olaf ruft: »Das darf man doch gar nicht!«
Der Lehrer nickt. »Richtig«, sagt er, »und damit beginnt meine Geschichte.
Also, es waren einmal zwei kleine Rehe, die gerade das Licht der Welt erblickt hatten. Aber als ihre Mutter sich kurz entfernte, da kamen unvernünftige Leute und streichelten die Kleinen.
Mutter Reh witterte die Menschen und traute sich nicht mehr zurück zu ihren Kindern. – Ein Glück, daß der Förster daherkam. Er nahm die Kitze mit nach Hause und zog sie mit der Flasche auf, sonst wären sie verhungert.«
»Und wo sind sie jetzt?« will Olaf wissen. Der Lehrer lächelt geheimnisvoll und schaut auf die Uhr. »Wenn ihr nach Hause geht, werdet ihr sehen, daß auf dem Marktplatz ein kleines Gehege errichtet ist. Und gegen 4 Uhr wird der Förster kommen mit einem kleinen Anhänger an seinem Auto . . .«
». . . mit den Kitzen!« rufen alle durcheinander. »Genau«, lacht der Lehrer und steht auf. »Mittlerweile sind sie erwachsen, haben sich an die Menschen gewöhnt und wollen auch gar nicht mehr zurück in den Wald.«
»Und wir dürfen sie füttern und streicheln!« freuen sich die Kinder.

# Das Christkind bei den Eskimos

Hoch oben am Nordpol ist es sehr kalt,
's gibt keine Wiese, keinen Wald –
es gibt nur viel Eis und kalten Schnee,
blau leuchtet die Kälte, so weit ich seh'.

Vor langer Zeit ist einst erzählt worden,
das Christkind käme auch in den hohen Norden!
Drum setz' ich mich auf meinen Eisbären heut' –
zu suchen das Christkind zur Weihnachtszeit.

# Winterferien

Ist das so schön zur Winterszeit,
wenn wir vom Unterricht befreit,
wenn wir Weihnachtsferien haben,
frei, an vielen kalten Tagen,
in der vorweihnachtlichen Zeit,
Kinder, ist das eine Freud'!

Ja, wir stürmen aus dem Haus,
schauen nach den Freunden aus,
und wir rodeln, schlittern, spielen,
woll'n uns in den Schnee reinwühlen,
bau'n einen Schneemann vor dem Haus,
Kinder –, sieht der prachtvoll aus! –

Ach, das ist die höchste Freud' –
in der Winterferienzeit!
Und sie eilen hin die Tage –
bald kommt das schönste Fest im Jahr,
wir Kinder wünschen, ohne Frage,
Glück, Segen, Freude, immerdar. –

# Weihnachten in der Berghütte

Als die Sonne untergeht, sieht man einen kleinen Jungen durch den tiefen Schnee bergan stapfen. – Farbige Stangen links und rechts sollen den Weg weisen, doch er fände ihn auch ohne diese Hilfen; schließlich ist er dort oben zu Hause.

»Hallo Papa, hier bin ich wieder!« ruft er fröhlich und macht schnell die Tür des Häuschens hinter sich zu. Dann nimmt er den Schulranzen ab und fängt an, auszupacken. Aber es sind nicht etwa Bücher und Hefte, wie man vermuten könnte, nein – zwei Brotlaibe und ein bißchen Wurst; es ist Heiligabend, und die Ferien haben schon vor zwei Tagen begonnen.

»Hast du auch die Kerzen nicht vergessen?« fragt Papa, und er hebt mühsam sein eingegipstes Bein an. »Ach, ich habe mir gedacht, wir nehmen die vom vergangenen Jahr, und für das übrige Geld habe ich beim Bäcker noch Kuchen gekauft. Da schau!«

Vater schüttelt verwundert den Kopf, und Willi bekommt große Augen. »Habe ich etwas falsch gemacht, Papa?«

»Aber wo,« sagt der. »Mir ist nur aufgefallen, wie sehr du doch deiner Mutter ähnelst. Schade, daß sie es nicht mehr erleben durfte.«

»Na ja«, hebt Willi die Schultern und dreht sich schnell um; Papa soll nicht sehen, wie ihm die Tränen über die Wangen kollern.

Später zündet er die Kerzen an dem kleinen Christbäumchen an, und Papa meint, daß sie nun zusammen ein Weihnachtslied singen sollten. Er stimmte die ersten Töne an, aber Willi hebt verwundert die Hände. »Ist das ein Weihnachtslied Papa? Das habe ich aber noch nie gehört.«

Und als sie endlich aufeinander ein-
gestimmt sind, da hören sie näher-
kommendes Glöckchenklingeln.
Willi rennt zum Fenster und schaut
hinaus. »Der Weihnachtsmann
kommt!« ruft er. »Ja, wirklich. Auf
einem Schlitten, der von einem
Pferd gezogen wird!«
Papa mag es nicht glauben und
humpelt mit seinem eingegipsten
Bein zum anderen Fenster. »Von wegen Weihnachtsmann – das ist der
Bahnhofsvorsteher. Und hinten sitzt
deine Tante, die aus der Stadt«,
erschrickt er. »O je.«
Gleich darauf reißt die alte Dame
die Tür auf und steht mitten in der
Stube.

»Na, da komme ich ja gerade noch
zur rechten Zeit. – Ein Glück, daß
ich den guten Mann überreden
konnte, mich herzubringen. Einen
ganzen Tag bin ich in der alten
Bummelbahn gefahren, und hier
gibt es nicht einmal ein Taxi!«
Später, als sie all die Geschenke, die
die Tante mitgebracht hat, ausge-
packt haben, will Papa von Willi
wissen: »Woher wußte die Tante
denn, daß ich mir ein Bein gebro-
chen habe?« – »Ich hab' ihr halt
einen Brief geschrieben, Papa«,
lacht Willi fröhlich.
Und schaut, jetzt ist wirklich Weihnachten in dem kleinen Häuschen
auf dem Berg!

# Winteraustreiben

*Im Verlag Schw. + Stl.*

Heut' ist ein freu – den – rei – cher Tag, daß man den Som – mer ge – win – ne

mag. Ihr Her – ren mein, der Som – mer ist fein!

142

# Winter, ade

Worte: Heinrich Hoffmann v. Fallersleben  Weise: volkstümlich

1. Win – ter a – de! Schei – den tut weh! A – ber dein
Schei – den macht, daß mir das Her – ze lacht.
Win – ter a – de! Schei – den tut weh.

2. Winter, ade!
Scheiden tut weh.
Gerne vergeß ich dein,
kannst immer ferne sein.
Winter, ade!
Scheiden tut weh.

3. Winter, ade!
Scheiden tut weh.
Gehst du nicht bald nach Haus,
lacht dich der Kuckuck aus.
Winter, ade!
Scheiden tut weh.

# Am Futterhaus

Ihr kleinen Vögelein,
ihr lieben Sängerlein,
oh, bitte, fliegt nicht fort,
bleibt doch am Heimatort,

bleibt doch ganz nah beim Haus,
und ich leg' täglich aus
für euch was Feines – hier zu essen
und bitte, wollt im Frühling dann,
mein Lieblingsliedchen nicht vergessen.

# Der Schneemann

Ach, lieber Schneemann
stehst hier so traurig und allein,
so sei doch froh – im kalten Frost
hast du's doch schöner,
als im warmen Sonnenschein,
denn wird die Sonn' erst wieder scheinen,
wirst du bestimmt vor Kummer weinen.

# St.-Niklas-Spruch

*Gott grüß euch, lieben Kinderlein,*
*Ihr sollt Vater und Mutter gehorsam sein,*
*so soll euch was Schönes bescheret sein.*
*Wenn ihr aber dasselbige nicht tut,*
*so bring ich euch den Stecken und die Rut!*

*(Des Knaben Wunderhorn)*

*Es treibt der Wind im Winterwalde*
*die Flockenherde wie ein Hirt,*
*und manche Tanne ahnt, wie balde*
*sie fromm und lichterheilig wird.*

*Und lauscht hinaus, den weißen Wegen*
*streckt sie die Zweige hin, bereit –*
*und wehrt dem Wind und wächst entgegen*
*der einen Nacht der Herrlichkeit.*

*(Rainer Maria Rilke)*

# Alle Jahre wieder

Wilhelm Hey

Al – le Jah – re wie – der

kommt das Chri – stus – kind auf die Er – de

nie – der, wo wir Men – schen sind.

2. Kehrt mit seinem Segen ein in jedes Haus,
geht auf allen Wegen mit uns ein und aus.

3. Ist auch mir zur Seite, still und unerkannt,
daß es treu mich leite an der lieben Hand.

148

# Die Schlitterbahn

Als der scharfe Herbstwind übers Land fegt, um auch noch das letzte Blatt von den Bäumen zu reißen, da sieht es allenthalben recht trostlos aus. Aber über Nacht ist alles ganz anders geworden: es hat geschneit. – Eine weiße Decke hat sich auf den Häusern und Bäumen ausgebreitet. –

Und es schneit noch immer! Die Kinder in der Schule schauen mehr aus den Fenstern als auf die Tafel. Und schon wird abgemacht, wo man sich später treffen wird – zum Schlittenfahren oder zur Schneeballschlacht.

Endlich ist es soweit. Die Glocke scheppert, und die Kleinen stürmen aus dem Schulhaus. Die ersten Schneebälle fliegen hin und her, und ganz nebenbei stopft man dem Erwin ein paar Hände voll in den Hals, weil er die anderen immer beim Lehrer verpetzt.

Zu Hause angekommen, nehmen sie sich kaum Zeit zum Mittagessen; die Stunden bis zum Einbruch der Dunkelheit sind kurz. Vorsorglich nehmen ein paar von ihnen die Laternen mit, die sie für den Martinstag gebastelt haben. Und dann ziehen sie los. Am Ende des Dorfes bilden sich zwei Gruppen: Die eine, die mit den Schlitten, stapft den Hügel hinauf, die andere folgt dem Thomas, der behauptet, daß der Waldbach zugefroren sei. »Kommt mit!« ruft er und hat ganz rote Bäckchen. »Man kann ganz toll schlittern!«

Vorsichtig setzen die Kinder ihre Fußspitzen auf das Eis; sie trauen sich nicht so recht. Erst als Bauer Haferkorn mit seinem Schlitten vorbeikommt und die Eisschicht prüft, sind sie nicht mehr zu halten.

Ein Stückchen weiter, im Wald, da hat der Bub vom Förster Heu in eine Futterkrippe gehäuft.

Als die ersten Rehe ankommen, bringt er auch noch einen Sack mit Kastanien, und zur gleichen Zeit kommen zwei Häschen angehoppelt.

„Guck mal«, sagt das Jüngere, »dort drüben gibt's zu essen! Aber wie kommen wir über den Bach?«

»Wir gehen einfach drüber«, sagt der Ältere, »er ist doch zugefroren!« – »Ach ja?« staunt der Kleine. »Aber der Hund dort auf der Brücke . . .« – Da steckt der Hase die Nase in die Luft und sagt wichtig: »Merke dir eins, Kleiner: Weht der Wind uns ins Gesicht, wittern uns die Hunde nicht!«

# Catharinchens erste Weihnacht

In dem hellen Lichterglanz,
staunt Catharinchen und ist ganz
hingerissen, selbstvergessen,
und begeistert; – unterdessen
wird ihr Höschen feucht und warm
doch mit ungeheurem Charme,
zeigt sie auf den Weihnachtsbaum,
diesen herrlich bunten Traum!

Catharinchen ist ein Jahr alt, –
bald wird sie sogar schon zwei! –
und sie schaut mit großen Augen
auf das Krippchen, nah' dabei.
Plötzlich ruft sie, voller Freude:
»Daaaa, -ei-ei, das Jesulein!
– Das Gotteskind, mit seinem Segen,
mög' immer bei Cath'rinchen sein.

# Am Dorfweiher

Eigentlich wäre Klaus ja längst zu Hause, aber heute hat er einen Umweg gemacht. Bald ist Weihnachten, und er hat sich Schlittschuhe gewünscht. Falls er sie wirklich bekommt, dann sollte er doch wissen, wo er sie ausprobieren kann.

Also nimmt er diesmal den längeren Weg am Dorfweiher vorbei, um zu prüfen, ob dieser schon zugefroren ist. Von Eis noch keine Spur, aber dafür sitzt ein Mann auf dem Bänkchen in der Nähe und pinselt Farben auf eine Leinwand. Klaus schaut ihm aus respektvoller Entfernung über die Schulter, doch dann spielt er lieber mit dem Hündchen, das offenbar dem Maler gehört. Er streichelt es, und tags darauf bringt er ihm sogar die Hälfte seines Pausenbrotes mit.

Der Weiher ist noch immer nicht zugefroren, aber Klaus tröstet sich, daß bis Weihnachten noch ein paar Wochen vergehen werden. Der Mann indessen sitzt schon wieder auf der Bank, malt und tut, als bemerke er den Jungen nicht.

Endlich – am dritten Tag – dreht er sich um und fragt: »Wenn du dich dort an den Baum stellst, dann male ich dich. Willst du?«

»Aber freilich!« nickt Klaus und sieht sich ungläubig um. Dann lehnt er sich so an die alte Linde, wie der Mann es ihm zeigt, und wagt kaum zu atmen. Und während er da so steht, muß er mit ansehen, wie das Hündchen an den Riemen seines Schulranzens knabbert.

»So, jetzt kannst du herkommen«, sagt der Maler endlich und legt den Pinsel zur Seite. »Schau dich an!« Klaus dehnt und reckt sich, bläst in die klammen Finger. Dann meint er mit einem Blick auf das Bild: »Das soll ich sein? Da kennt mich doch keiner!«

Der Mann lächelt. »In der Schule malt ihr sicher auch, oder?« – »Freilich«, bestätigt Klaus voller Eifer. »Heute mußten wir ein Haus malen. Ich habe ein ganz großes gemalt. Aber das war dumm von mir. Jetzt muß ich über hundert Dachziegel zeichnen, habe ich mit ausgerechnet.«

Der Mann lacht schallend und packt seine Sachen zusammen. Plötzlich will er wissen: »Du magst mein Hündchen, den Struppi, oder?« – »Aber ja«, nickt Klaus, »so einen Hund habe ich mir schon immer gewünscht.« – »Weißt du was? Du sollst ihn behalten, ich schenke ihn dir!« sagt der Maler allen Ernstes. Struppi ist etwas verwundert, als Klaus ihn an die Leine nimmt und losmarschiert; er wendet sich noch ein paarmal um nach seinem Herrchen, aber dann trottet er brav neben dem Buben her.

»O Gott, Kind«, hebt Mutter die Hände, »das ist ja wirklich ein liebes Hündchen, aber wir haben kaum selber zu essen!«

Schweren Herzens macht sich Klaus am Sonntag auf den Weg. Mit Struppi an der Leine geht er zum Dorfweiher und trifft dort den Mann, der schon wieder ein neues Bild angefangen hat.

»Ich darf Struppi nicht behalten«, gesteht er kleinlaut, »ich muß ihn wieder zurückgeben – da!«

Der Mann legt den Pinsel zur Seite und schweigt eine Weile. »Warum?« fragt er dann. »Hat's dir Papa verboten?« – »Ach, der ist gestorben, als ich noch ganz klein war«, schüttelt Klaus den Kopf. »Aber Mama hat gesagt, daß wir selber nicht genug zu essen hätten . . .«

»Soso«, murmelt der Mann und stochert in seinen Farben herum. »Weißt du überhaupt, wer ich bin?« will er dann wissen. – »Ja, Sie sind der Mann, der das Häuschen dort hinten gekauft hat«, sagt Klaus. – »Richtig«, nickt der Maler. »Und weil mich hier im Dorf keiner leiden mag – du ausgenommen –, gehe ich zurück in die Stadt.« – »Und Struppi?« will der Bub mit großen Augen wissen. – »Der bleibt bei dir«, lächelt der Mann hintergründig.

Eine Woche ist vergangen. – Der Bub teilt fortan sein Abendessen mit dem kleinen Hund, und soweit wäre alles gutgegangen. Aber dann droht der Bauer, bei dem sie zur Miete wohnen, mit der Kündigung, weil Struppi dauernd hinter den Hühnern und Gänsen herjagt. Und dann, eines Morgens, da pocht der Gemeindediener an die Tür. »Ein Brief«, ruft er wichtig, »vom Bürgermeister!« – »Vom Bürgermeister?« erschrickt die Mutter. – »Jawohl«, vermeldet der Bote, »und darin steht, daß dieser . . . dieser Maler euch sein Häuschen geschenkt hat und das ganze Grundstück dazu.«

»Das . . . das kann ich nicht glauben«, stottert Mutter fassungslos, »sagen Sie das noch einmal!« – »Haha! Genau das hat der Bürgermeister vorhin auch gesagt«, lacht der Gemeindediener. »Also, wenn ihr wollt, dann könnt ihr noch vor Weihnachten einziehen!«